La chronologie des
rois de France

Conception graphique: Atelier du Père Castor
et Frédérique Deviller
Mise en page : Stéphane Thidet

La chronologie des
rois de France

JEAN-BENOÎT DURAND

CASTOR DOC Flammarion

 # SOMMAIRE

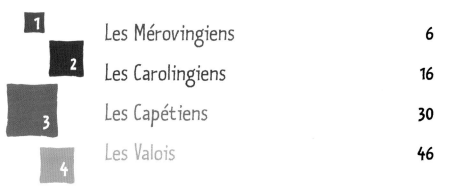

1

LES MÉROVINGIENS

Pour les Romains, les barbares étaient les peuples étrangers qui parlaient une langue qu'ils ne comprenaient pas.

Le nom « Franc » vient du germanique *Frekkr* qui signifie « libre, hardi ».

Depuis le Ier siècle avant Jésus-Christ et durant quatre siècles, la Gaule est sous la domination romaine. Mais en 406, des peuple « barbares » envahissent la Gaule. 70 ans plus tard, trois peuples occupent l'essentiel du pays : les Wisigoths au sud-ouest, les Burgondes au sud-est et les Francs au nord.

Clovis, le premier roi de France

Descendant de Mérovée, Childéric Ier règne sur une partie des Francs dès 460. Il décide d'installer sa capitale à Tournai, une ville qui se trouve aujourd'hui en Belgique. En 481, son fils Clovis lui succède. Il a environ 15 ans. Excellent guerrier, il détruit les derniers camps romains pendant la bataille de Soissons, en 486, et étend sa domination en France du Nord. En 496, il attaque et repousse les Alamans au-delà du Rhin. Puis, en 507, il écrase Alaric, le roi Wisigoth, à Vouillé,

Les historiens ne sont pas certains de l'existence du chef franc Mérovée. Peut-être était-il le père du roi Childéric. Quoi qu'il en soit, c'est lui qui va donner son nom à la dynastie mérovingienne.

L'histoire du fort roy Clovis (détail), tapisserie, milieu du xvᵉ siècle. Reims, palais du Tau, Trésor de la cathédrale.

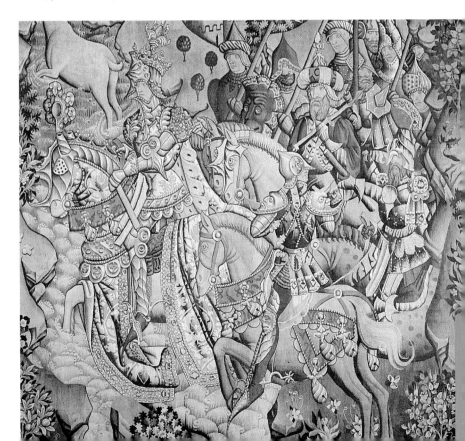

près de Poitiers et prend le contrôle d'une grande partie de la Gaule.

Un roi chrétien

À la grande joie de sa femme Clothilde qui est chrétienne, Clovis se convertit au christianisme et se fait baptiser vers 500, devant des milliers de guerriers. Désormais, Clovis peut compter sur le soutien de l'Église et l'appui des nobles qui rêvent d'un grand royaume chrétien en Gaule. En 511, à la fin de son règne, il réunit les évêques et leur annonce qu'ils ne pourront plus être élus sans autorisation du roi. La même année, le 27 novembre, il meurt à Paris, la ville qu'il a choisie pour capitale peu de temps auparavant.

???

L'AFFAIRE DU VASE DE SOISSONS

Parmi le butin de la bataille de Soissons, un magnifique vase attire l'attention de Clovis. Alors qu'il demande qu'on le lui réserve, un soldat jette le vase à ses pieds, en signe de protestation. Un an plus tard, Clovis retrouve le soldat rebelle et lui fracasse la tête avec sa hache en disant : « Ainsi as-tu fait au vase de Soissons » !

Les descendants de Clovis

À la mort de Clovis, ses quatre fils – Thierry, Clodomir, Childebert et Clotaire – se partagent le royaume, comme le veut la tradition franque. Mais cette tradition ne va pas sans inconvénient. Car le partage s'accompagne de son lot de rivalités et de discordes. Toutefois, les Francs s'unissent encore pour s'emparer de la Burgondie, en 534, et de la Provence, en 537.

À la mort de Clodomir, en 524, ses trois frères en profitent pour se débarrasser des nouveaux héritiers gênants. Ils font assassiner les enfants de Clodomir et se redistribuent l'héritage !

Le partage du gâteau

En 558, ses frères étant tous morts, Clotaire se retrouve seul roi. Il parvient à rassembler les terres franques partagées avec ses frères à la mort de Clovis. Le royaume ressemble alors à la France d'aujourd'hui (à l'exception de la Bretagne et de la Septimanie – l'actuel Languedoc-Roussillon). Mais l'unité est de courte durée puisqu'à sa mort en 561, le royaume est à nouveau partagé entre ses quatre fils et, après la mort de l'un d'eux – Charibert, en 567 – sa part est divisée entre les trois autres ! À partir de ce moment-là, le pays se morcelle en trois royaumes tantôt unis, tantôt séparés : l'Austrasie à l'est, la Neustrie à l'ouest et la Bourgogne (l'ancien royaume de Burgondie) au sud-est…

Une belle pagaille !

Dans les années qui suivent la mort de Clotaire, c'est la pagaille ! Chilpéric Ier, le roi de Neustrie, épouse la belle Galswinthe (la sœur de la femme de son frère Sigebert qui gouverne l'Austrasie), en 568. Mais il est déjà marié à Frédégonde, très jalouse, qui lui rend la vie infernale. Redoutant que Galswinthe ne retourne chez elle avec sa dot, il la fait étrangler. Brunehaut, la sœur de la reine assassinée, fait la promesse de la venger. C'est le début d'une lutte sans merci entre les deux frères, Sigebert prenant le prétexte de sauver l'honneur de sa famille pour essayer de voler le trône de Chilpéric ! Après 50 ans de guerres et de meurtres, le fils de Frédégonde et Chilpéric, Clotaire II, fait prisonnière la vieille reine Brunehaut et la condamne à être traînée, attachée par les pieds à la queue d'un cheval lancé au galop.

L'apogée de la période mérovingienne

Parmi les rois mérovingiens, Clotaire II réussit à mettre un peu d'ordre et à rétablir l'unité du royaume de Clovis. Mais obligé de faire des concessions aux seigneurs, il nomme des maires du palais dans les trois grandes provinces qui deviendront, petit à petit, de plus en plus puissants. À sa mort, son fils Dagobert prend la relève. Il renforce l'unité du pays, associe à la couronne le royaume

Les maires du palais étaient les chefs de la garde et de l'administration au temps des Mérovingiens.

La chanson *Le Bon Roi Dagobert* a été écrite au XVIIIe siècle, bien longtemps après le règne de Dagobert, pour se moquer d'un autre roi, Louis XVI. D'ailleurs, Dagobert n'aurait pas pu mettre sa culotte à l'envers car les culottes n'existaient pas à l'époque !

Dagobert Ier observe la construction d'un édifice.
Enluminure des Grandes chroniques de France.

d'Aquitaine et devient le seul roi des Francs. Les seigneurs et les évêques n'ont pas d'autre choix, pour le moment, que de lui obéir.

Le luxe de la cour

La cour royale devient un endroit de luxe, car Dagobert s'empare de domaines et s'enrichit. Grand amateur d'art et particulièrement d'orfèvrerie, il fait construire des églises et des cathédrales. Il agrandit l'abbaye de Saint-Denis, près de Paris, qui deviendra plus tard le lieu de sépulture des rois de France. Il y sera lui-même enterré en 638.

Villa mérovingienne.

Des rois fainéants

Quand leur père meurt, les fils de Dagobert sont trop jeunes pour gouverner. Ils sont placés sous la tutelle des maires du palais qui s'emparent peu à peu du pouvoir. À partir de ce moment-là, les rois qui se succèdent ne gouvernent plus vraiment. Ils sont pauvres et leur vie est trop courte (ils meurent presque tous avant 30 ans). Plus tard, on les baptisera « rois fainéants », non parce qu'ils étaient réellement paresseux mais parce qu'ils n'avaient plus grand-chose à faire de leurs journées !

Les rois manquaient cruellement de prestige : ils se déplaçaient en chars à bœuf, portaient leurs cheveux longs et vivaient très modestement.

Un royaume fragile

Après la mort de Dagobert, la rivalité entre les provinces de Neustrasie et d'Austrasie resurgit, affaiblissant et déstabilisant le royaume de France.

Le petit-fils de Dagobert, Childéric II, qui succède à son père Clovis II, essaie de réunifier le royaume mais il se fait tuer en 675 dans la forêt de Lognes, près de Paris.

Les derniers rois mérovingiens

Au fil des années, les rois défilent. Ils sont presque tous sous la tutelle des maires dont l'influence est de plus en plus grande. Thierry III se fait battre à Testry, en 687, par Pépin de Herstal, le maire du palais d'Austrasie, qui contrôle alors les deux royaumes. Les Mérovingiens n'ont dorénavant plus de rois dignes de ce nom. Quelques-uns encore, nommés par Pépin, se succéderont toutefois. Mais à la mort de Thierry IV, en 737, Charles Martel, le fils de Pépin de Herstal, à son tour maire du palais, décide de se passer de successeur !

La fin de la dynastie

Les fils de Charles Martel, Pépin le Bref et Carloman, eux aussi maires du palais, « sortent » Childéric III, le fils de Chilpéric II, de son monastère et le font régner docilement pendant 8 ans. Puis, ils le contraignent à renoncer à la couronne en 751, en persuadant le pape « qu'il valait mieux appeler roi celui qui avait le pouvoir que celui qui en restait dépourvu ». Une nouvelle dynastie commence avec Pépin : celle des Carolingiens…

Les disciples de la nouvelle religion, les musulmans, partent à la conquête d'un gigantesque empire. En 719, ils atteignent la France et en 732, Charles Martel arrête leur progression près de Poitiers.

GÉNÉALOGIE DES MÉROVINGIENS

CHILDÉRIC Ier

roi des Francs Saliens (v. 458-v. 481)
épouse Basine, femme du roi de Thuringe

CLOVIS Ier

roi des Francs (v. 481-511)

ép. 1
une princesse rhénane

ép. 2, en 493, Clotilde
princesse burgonde

THIERRY Ier
roi de Reims (511-534)

CLODOMIR
roi d'Orléans (511-524)

CHILDEBERT Ier
roi de Paris (511-558)

CLOTAIRE Ier
roi de Soissons (511-561)
roi de Reims (555-561)
roi des Francs (558-561)

ép. 1 Ingonde

ép. 2, Arégonde
sœur de la précédente

ép. 3 Frédégonde

CARIBERT
roi de Paris (561-567)

SIGEBERT Ier
roi de Reims
et d'Austrasie (561-575)
ép. vers 566 Brunehaut,
fille du roi des Wisigoths

GONTRAN
roi de Bourgogne (561-592)

CHILPÉRIC Ier
roi de Soissons
et de Neustrie (561-584)

CHILDEBERT II
roi d'Austrasie (575-595)

CLOTAIRE II - roi des Francs (613-629)
roi de Neustrie (584-629)
ép. 2 Bertrude

DAGOBERT Ier
roi d'Austrasie (623-639) - roi de Neustrie et de Bourgogne (629-639)
roi des Francs (632-639)
ép. 2 v. 630, Nantechilde

ép. 3, Ragnetrude

SIGEBERT III
roi d'Austrasie (634-656)
ép. Himnechilde

DAGOBERT II
roi d'Austrasie en 676

CLOVIS II
roi de Neustrie et de Bourgogne (639-657)
ép., en 651, Bathilde

CLOTAIRE III
roi de Neustrie

CHILDÉRIC II
roi d'Austrasie (662-675)
roi des Francs (673-675)
ép. Bilichilde, fille du roi
d'Austrasie Sigebert III

THIERRY III
roi de Neustrie
et de Bourgogne (673 et 675-691)
roi des Francs (679-691) - ép. Crotilde

CLOVIS IV
roi des Francs (691-695)

CHILDEBERT III
roi des Francs (v. 695-711)

DAGOBERT III
roi des Francs (711-715)

CHILDÉRIC II
roi de Neustrie (715-721)
roi des Francs (v. 720-721)

THIERRY IV
roi des Francs (721-737)

CHILDÉRIC III
roi des Francs (743-751)
déposé par Pépin le Bref en 751

2

LES CAROLINGIENS

Le dernier roi mérovingien Childéric III, contraint d'abdiquer en 751, cède la place à la dynastie carolingienne qui va régner sur le royaume des Francs pendant plus de deux siècles. Quinze souverains vont se succéder et Charlemagne, couronné empereur d'Occident en 800, sera le plus grand d'entre eux.

La cérémonie du sacre

C'est sous le règne des Carolingiens que la cérémonie du sacre prend toute son importance. En plaçant officiellement le roi sur le trône, le pape – ou l'un de ses représentants – place le souverain comme représentant de Dieu sur terre.

Pépin le Bref est le premier roi sacré de la sorte, par l'évêque Boniface, en 751 ; puis une seconde fois par le pape Étienne II en 754.

Désormais dépendant du pouvoir religieux, Pépin prouve sa reconnaissance au pape en repoussant les Lombards qui menacent le nord de l'Italie actuelle. En lui faisant cadeau des territoires reconquis, le pape devient un souverain comme les autres rois, avec son propre territoire.

C'est le père de Pépin le Bref, Charles Martel, qui a donné son nom à la dynastie carolingienne. Charles, en latin, se dit *Carolus*.

Le roi Charles

En 768, Pépin tombe malade. Avant de mourir, il partage son royaume entre les deux fils qu'il a eus avec la reine Bertrade : Charles et Carloman. Dans un premier temps, Charles partage le royaume avec son frère. Mais en 771, celui-ci meurt brutalement. Charles écarte alors ses héritiers et s'approprie la totalité du royaume franc. Désormais, il va passer sa vie à étendre son territoire, avec l'aide de son armée, particulièrement bien organisée et efficace.

La reine Bertrade était surnommée Berthe au grand pied, à cause d'un pied qu'elle avait plus grand que l'autre !

Le plus grand empire

Dès 774, Charles lance des expéditions militaires vers l'est, le nord et le sud. Au sud, il s'empare du royaume des Lombards et combat les musulmans d'Espagne. À l'est, il s'attaque à la Bavière qu'il soumettra définitivement en 788. Deux ans plus tard, la Saxe, au nord-est, est annexée. Il lui aura toutefois fallu trente ans d'une guerre cruelle et meurtrière pour venir à bout de Widuking, le chef des Saxons.

Charles devient Charlemagne

En l'an 800, Charles est couronné empereur d'Occident à Rome, le jour de Noël, par le pape Léon III qui ainsi s'assure de la protection du grand chef militaire. Charles prend alors le nom de Charlemagne, c'est à dire Charles le Grand en latin.

Les « Missi dominici »

À partir de 795, Charlemagne choisit sa capitale et s'installe à Aix-la-Chapelle, une ville qui se trouve aujourd'hui en Allemagne. Il divise le pays en comtés qui sont gouvernés par les comtes et les évêques. Pour éviter les abus de pouvoir, il envoie régulièrement un religieux et un laïc, les « Missi dominici », vérifier l'application des lois. En même temps, les lois deviennent écrites, sous forme de petits chapitres, les « Capitulaires ».

La renaissance carolingienne

Après toutes ces années de guerres, le royaume connaît une période relativement calme. La population augmente, les villes se développent et le commerce reprend doucement. Culturellement, le pays

ROLAND À RONCEVAUX

Bien que Charles rentre souvent victorieux de ses campagnes, il connaît pourtant quelques défaites. Ainsi, en 778, l'arrière-garde de son armée tombe dans une embuscade, à Roncevaux, dans les Pyrénées. Selon la légende, le chevalier Roland y a trouvé la mort alors qu'il soufflait dans son cor pour prévenir son roi. Plus tard, vers 1100, *La Chanson de Roland* racontera cette aventure et fera de Roland le premier héros chrétien.

Gravure colorée illustrant la mort du légendaire Roland à Roncevaux.

Charlemagne reçoit
le moine Alcuino *(détail)*,
par Jean Victor Schnetz.

a aussi beaucoup souffert des invasions passées. Certains prêtres ne connaissent même plus le latin ! À Aix-la-Chapelle, Charlemagne décide alors d'ouvrir une école dans laquelle il s'entoure de nombreux savants qu'il fait venir de toute l'Europe. Les arts connaissent un véritable essor et de nombreux édifices religieux sont bâtis dans le pays.

L'invention de l'école

La légende veut que Charlemagne ait inventé l'école. En fait, il a développé l'enseignement et organisé la création d'écoles dans les monastères et les paroisses. Pour la première fois aussi, il crée un réseau d'écoles et fixe un programme scolaire. Les enfants apprennent à dire les prières par cœur, à lire et à compter.

Charlemagne connaissait le latin et le grec mais… il ne savait pas écrire !

Le partage du royaume

Lorsque Charlemagne meurt, en 814, après 43 ans de règne, Louis est le seul de ses fils encore en vie. Très croyant (on le surnomme Louis le Pieux), il se laisse diriger par les hommes d'Église. Pour éviter les problèmes de succession qui ont déchiré le pays par le passé, il décide, dès 817, de partager le royaume entre ses trois fils : Lothaire, l'aîné, héritera de la presque totalité du royaume ; Pépin Ier, le second fils, sera roi d'Aquitaine ; et Louis le Germanique, le troisième, héritera de la Bavière.

Lothaire prend le titre d'empereur.

De nouvelles divisions

Quand la femme de Louis le Pieux meurt, celui-ci se remarie avec Judith de Bavière qui lui donne un quatrième fils, Charles, en 823. Mais les trois demi-frères de Charles voient d'un très mauvais œil ce nouvel héritier. En signe de mécontentement, ils entrent en guerre contre leur père jusqu'à la fin de sa vie !

Le traité de Verdun

À la mort de Louis le Pieux, en 840, Lothaire se déclare maître de l'empire, comme le voulait son père. Mais ses deux frères (Pépin Ier est mort en 838) font alliance contre lui et le battent en 843. Ils lui imposent le traité de Verdun qui divise l'ancien empire de Charlemagne en trois parties. Louis le Germanique reçoit la partie orientale, future Allemagne (de l'est du Rhin au nord des Alpes), Charles la partie ouest, futur royaume de France, et Lothaire – qui garde le titre d'empereur – doit se contenter de la France médiane, un morceau de terre coincé entre les territoires de ses frères…

« Pour l'amour de Dieu et pour le peuple chrétien et notre salut commun, à partir d'aujourd'hui et tant que Dieu me donnera savoir et pouvoir, je secourrai ce mien frère par mon aide (…) à condition qu'il fasse de même pour moi… » Ce serment, fait en 842 à Strasbourg par les deux frères, est le premier texte connu rédigé en vieil allemand et en langue romane, l'ancêtre du français.

De nouveaux envahisseurs

Venus du Nord, les Normands, aussi connus sous le nom de Vikings, commencent à attaquer le royaume des Francs dès la fin du VIIIe siècle. À bord de leurs bateaux, ils pillent la côte atlantique, à l'embouchure des grands fleuves. Profitant des

Louis le Germanique et Charles le Chauve font alliance contre leur frère Lothaire et signent le traité de Strasbourg en 842.

querelles entre les fils de Louis, les Vikings multiplient les raids meurtriers. Pendant un siècle, le pays et l'Europe toute entière vivent dans la terreur et l'insécurité.

Le dernier grand roi carolingien

Monté sur le trône en 843, Charles II le Chauve, le fils de Louis le Pieux, est un roi intelligent qui

LES VIKINGS

Venus de Norvège, de Suède ou du Danemark, les Vikings étaient d'excellents marins et de terribles guerriers. Ils utilisaient de grands navires à fond plat, très rapides, capables de naviguer aussi bien en mer qu'en rivière. Ainsi, les Vikings pouvaient remonter les fleuves et attaquer les villes à l'intérieur des terres.

s'entoure d'une cour savante. Il essaie tant bien que mal de rétablir l'autorité du souverain et de restaurer l'empire de Charlemagne. Il fait construire des ponts fortifiés pour résister aux invasions vikings. En 875, il est couronné empereur d'Occident à Rome. Mais deux ans plus tard, il meurt au retour d'une expédition militaire. Son fils, Louis II le Bègue, lui succède.

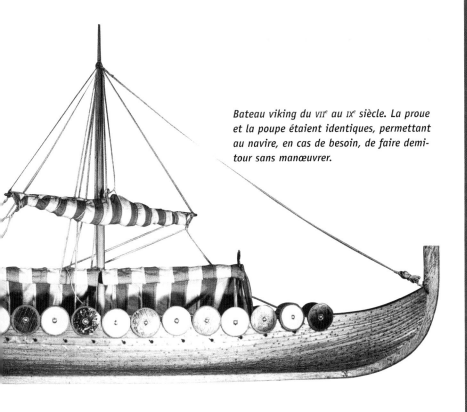

Bateau viking du VIIᵉ au IXᵉ siècle. La proue et la poupe étaient identiques, permettant au navire, en cas de besoin, de faire demi-tour sans manœuvrer.

Un royaume très affaibli

Face aux Vikings, le royaume est affaibli et le pouvoir décline. Plusieurs rois se succèdent, pendant près d'un siècle, incapables d'assurer la sécurité. Pendant ce temps-là, les seigneurs se détachent petit à petit de l'autorité royale et deviennent maîtres de leurs territoires. Ils se transmettent dorénavant leur charge de père en fils et n'ont plus que faire de l'autorité du roi.

Ce sont les seigneurs qui construisent les premiers châteaux forts, de simples tours en bois protégées par une palissade et entourées par un fossé.

Le système féodal

Au IXe siècle, le pouvoir revient à ceux qui savent se battre ou ceux qui ont les moyens de le faire. Dorénavant, les plus faibles viennent chercher protection auprès des plus forts. En échange de sa protection, le seigneur attend des paysans qu'ils travaillent la terre pour lui, qu'ils lui versent des impôts ; et des guerriers qu'ils lui jurent fidélité. En compensation, le seigneur assure leur entretien et celui de leur famille. Il leur offre aussi en général les revenus d'une de ses terres : le fief. Ainsi se met en place une hiérarchie, du plus puissant au plus faible, qui veut que chacun devienne le vassal d'un seigneur plus puissant.

Feodus, en latin, qui a donné « féodal ».

La résistance contre les Vikings

Les Robertiens, descendants de Robert le Fort qui a combattu les Vikings, sont parmi les familles les plus puissantes de l'époque. En 885, Eudes, son fils, défend vaillamment la ville de Paris contre les Vikings. Trois ans plus tard, il est élu roi et le restera jusqu'à sa mort, en 898. C'est Charles le Simple, un Carolingien, qui prend la suite. En 911, il signe un accord avec les Vikings pour mettre fin à leurs assauts. Sans combattre, il offre au chef viking Rollon les terres de Normandie que celui-ci occupe.

La fin des Carolingiens

Méprisé par les Grands pour avoir lâchement signé ce traité, Charles le Simple est chassé du pouvoir et emprisonné en 922. Robert Ier, le second fils de Robert le Fort, monte sur le trône avant d'être tué l'année suivante par Charles le Simple, venu lui livrer bataille. Plusieurs dizaines d'années plus tard, le dernier roi carolingien Louis V, surnommé Louis le Fainéant, meurt d'une chute de cheval. La lignée des Carolingiens s'éteint avec l'arrivée d'un nouveau roi : Hugues Capet, premier souverain de la dynastie des Capétiens.

Les Grands étaient les membres de la plus haute noblesse.

GÉNÉALOGIE DES CAROLINGIENS

PÉPIN le Bref
maire du palais de Neustrie et de Bourgogne
(741-751)
maire du palais d'Austrasie (747-751)
roi des Francs (751-768)

ép. en 744 Berthe
(dite au grand pied)

**CHARLES Ier le Grand
ou CHARLEMAGNE**
roi des Francs (768-814)-empereur d'Occident (800-814)

CARLOMAN
roi des Francs (768-771)
ép. en 768 Gerberge, fille
du roi des Lombards Didier

ép. 3, av. 771 Hildegarde

LOUIS Ier le Pieux
empereur d'Occident (814-840)

ép. 2, en 798, Ermengarde

ép. 3 en 819, Judith

LOTHAIRE Ier
empereur d'Occident (840-855)

PÉPIN Ier
roi d'Aquitaine
(817-838)

LOUIS le Germanique
roi de Germanie (843-876)
ép. en 827 Emma

CHARLES II le Chauve
roi de Francie occidentale (843-877)
empereur d'Occident (875-877)

ép. 1 en 842 Ermentrude,
fille du comte d'Orléans Eudes

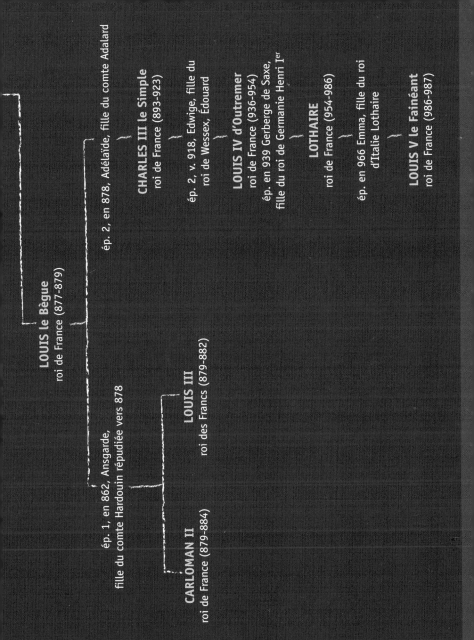

LOUIS le Bègue (877-879)
roi de France

ép. 1, en 862, Ansgarde,
fille du comte Hardouin répudiée vers 878

ép. 2, en 878, Adélaïde, fille du comte Adalard

CARLOMAN II
roi de France (879-884)

LOUIS III
roi des Francs (879-882)

CHARLES III le Simple
roi de France (893-923)

ép. 2, v. 918, Edwige, fille du
roi de Wessex, Édouard

LOUIS IV d'Outremer
roi de France (936-954)

ép. en 939 Gerberge de Saxe,
fille du roi de Germanie Henri Ier

LOTHAIRE
roi de France (954-986)

ép. en 966 Emma, fille du roi
d'Italie Lothaire

LOUIS V le Fainéant
roi de France (986-987)

3

LES CAPÉTIENS

À l'arrivée au pouvoir de Hugues Capet, en 987, le domaine royal s'est bien restreint. Dans le royaume, de nombreux seigneurs sont plus riches que le roi… C'est pourquoi, jusqu'à la fin du règne de Philippe le Bel, en 1328, les Capétiens chercheront à reconquérir l'autorité disparue.

Une autorité très limitée

Élu par les grands seigneurs et les évêques à la mort de Louis V, Hugues Capet associe très vite à la couronne son fils Robert II afin d'assurer sa descendance. Et c'est parce que ses successeurs feront de même que la dynastie capétienne va parvenir progressivement à s'imposer. Même si leur autorité est faible, les premiers rois capétiens peuvent s'appuyer sur leur alliance avec l'Église. Car par le sacre, ils sont les représentants de Dieu.

Robert le Pieux

À la mort de Hugues Capet, en 996, Robert le Pieux multiplie les mariages pour se faire des alliés ! Il épouse ainsi trois femmes : Rozala de Flandre, dont il se débarrasse en conservant la dot, Berthe de Blois qu'il répudie pour épouser la suivante, Constance, une belle Provençale qui devient rapidement acariâtre et invivable !

Henri Ier

Sacré en 1027, quelques années avant la mort de son père Robert le Pieux, Henri Ier commence par affronter la reine mère Constance qui préfère son fils Robert. Face à la ténacité de celle-ci, Henri Ier manque de justesse de perdre son domaine et il doit se résigner à céder la Bourgogne à son frère Robert. Comme son père, il consolide les liens avec ses alliés : il épouse la nièce de l'empereur germanique, puis Anne de Kiev, une princesse russe, qui lui donne trois fils. Entre 1002 et 1016, Robert le Pieux part en guerre dans le royaume et prend les villes d'Avallon, Auxerre, Sens et Dijon. Il réussit aussi à conquérir la Bourgogne.

Au temps des Capétiens, les gens croyaient que les rois étaient capables de guérir les maladies. La légende raconte qu'il suffisait à Robert le Pieux de toucher une personne souffrante pour la guérir.

Les conquêtes de Philippe Ier

Couronné à l'âge de 8 ans, Philippe Ier gouverne dans un premier temps sous tutelle. Mais dès 14 ans, il est déclaré majeur et fait rapidement preuve d'un grand sens politique. Il comprend très vite qu'il lui faut étendre son domaine, cette année-même où Guillaume le Conquérant, duc de Normandie, s'empare de l'Angleterre et devient un dangereux voisin. Philippe Ier annexe alors le Gâtinais et le Vermandois, puis le Vexin français.

Le vaisseau de Guillaume, duc de Normandie, débarque dans la baie de Pevensey.
La conquête de l'Angleterre a été représentée par la célèbre tapisserie de Bayeux, XIe siècle.
Cette broderie, longue de 70 mètres, raconte la bataille pendant laquelle
50 000 combattants s'affrontèrent. Avec l'autorisation spéciale de la ville de Bayeux.

La première croisade

C'est sous le règne de Philippe Ier, en 1096, qu'a lieu la première croisade. De Clermont, en Auvergne, le pape Urbain II lance un appel aux chrétiens. Il leur demande d'aller reconquérir Jérusalem, en Palestine, au Proche-Orient, et d'arracher le tombeau du Christ tombé aux mains des musulmans. Des milliers de pauvres gens se mettent en marche, sans préparatifs. Sans expérience de la guerre, ils se font massacrer par les Turcs en Asie mineure. La victoire revient aux seigneurs qui, partis un peu plus tard sous la conduite de valeureux chevaliers comme Godefroy de Bouillon, s'emparent de Jérusalem, en 1099.

Philippe Ier n'a pas participé lui-même à la première croisade, le pape Urbain II l'ayant excommunié à plusieurs reprises à cause d'une vie sentimentale jugée scandaleuse.

Les chevaliers cousaient une croix sur leur vêtement pour marquer leur engagement sacré, d'où le nom de « croisés » qui leur a été donné.

Le réveil de la royauté

Dès le début de son règne, Louis VI, le fils de Philippe Ier, livre une guerre sans merci aux petits seigneurs qui pillent sans vergogne le domaine royal. Avec beaucoup d'acharnement, il parvient à détruire les châteaux de ces vassaux révoltés. Puis il libère les villes encore asservies, rétablit à travers le pays des routes où l'on peut circuler en toute sûreté, et développe l'activité commerciale. En 1124, il repousse une invasion de l'empereur de Germanie et étend son influence jusqu'en Flandre. Enfin, il négocie le mariage de son fils, le futur Louis VII, avec Aliénor d'Aquitaine pour

Décrit comme un homme courageux, Louis VI n'hésitait pas à prendre lui-même les armes pour guerroyer ; jusqu'à ce que sa corpulence, à la fin de sa vie, finisse par l'empêcher de monter sur un cheval !

Dès le début de son règne, Louis VII s'est fâché avec le pape. Entré en guerre contre le comte de Champagne qui a le soutien du pape, il envahit la Champagne en 1142 et tue 3 000 personnes en incendiant la ville de Vitry. Pris de remords, c'est pour expier sa faute qu'il a décidé de partir en croisade.

étendre l'influence capétienne jusqu'au sud-ouest du royaume.

La deuxième croisade

À la mort de Louis VI, en 1137, son fils Louis VII le Jeune se retrouve à la tête d'un très grand royaume dont l'influence va jusqu'aux Pyrénées. Jérusalem étant à nouveau menacée, il entraîne ses vassaux, en 1147, dans une deuxième croisade qui se solde deux ans plus tard par un échec. À son retour, il fait annuler son mariage avec sa femme Aliénor, qui reprend l'Aquitaine avec elle, et se remarie avec Henri Plantagenêt. Ce seigneur français, qui possède déjà l'Anjou et la Normandie, devient également roi d'Angleterre en 1154. Louis VII se retrouve alors face à un vassal dont la puissance et le territoire valent largement les siens.

À son retour de croisade, le seigneur Hugues de Vaudémont serre son épouse dans ses bras. Chapelle des Cordeliers de Nancy.

Détail représentant les Normands au combat. Tapisserie de Bayeux XIe siècle.
Avec l'autorisation spéciale de la ville de Bayeux.

La société féodale

La société féodale des XIe et XIIe siècles se divise en trois catégories d'hommes : ceux qui travaillent, ceux qui combattent et ceux qui prient. Ceux qui travaillent sont surtout des paysans : ils exploitent la terre que le seigneur leur a confiée, en échange de taxes et de corvées. Ceux qui combattent sont des seigneurs et des chevaliers. Ils font la guerre pour défendre leurs terres, ou partent en croisade au nom de la religion. Les prêtres et les évêques, quant à eux, assurent l'office auprès

La corvée était un travail non rémunéré qui consistait, par exemple, à couper du bois pour fabriquer la charpente d'un nouveau donjon.

C'est en général à 18 ans que l'on devenait chevalier. Une cérémonie avait lieu, l'adoubement, pendant laquelle on remettait solennellement les armes au jeune homme.

des populations et les moines qui vivent dans les monastères, occupent leurs journées à prier et à recopier des manuscrits anciens.

Philippe Auguste, le conquérant

À 15 ans, Philippe Auguste II monte sur le trône, un an après avoir été sacré à Reims. Pendant son règne, il passe une bonne partie de son temps et de son énergie à guerroyer contre les rois d'Angleterre Henri II, Richard Cœur de Lion, puis Jean sans Terre.

Une administration bien gérée

C'est sous le règne
de Philippe Auguste
que commence
la construction
du Louvre, à Paris.

Le temps de son règne, la surface du domaine royal de Philippe Auguste quadruple. L'administration est également bien mieux gérée que par le passé. Pour cela, il a multiplié les baillis (au nord de la Loire) et les sénéchaux (au sud). Ce sont des fonctionnaires chargés de contrôler un territoire, d'assurer la sécurité et de rendre la justice. En même temps, le royaume s'est enrichi, et le roi est à la tête d'une belle fortune qui lui permet d'entretenir sans difficulté une grande armée.

La troisième croisade

Sceau de
Philippe Auguste.

En 1190, la troisième croisade est conduite par les rois Philippe Auguste et Richard Cœur de Lion, qui se sont un temps associés. À eux deux, ils prennent

Chypre et Saint-Jean-d'Acre. Mais ils se brouillent vite et Philippe rentre seul en France. Pendant ce temps, Richard est fait prisonnier par l'empereur d'Allemagne. Deux ans plus tard, enfin libre, il accourt se venger de Philippe Auguste dont il sait qu'il a tout fait pour prolonger sa captivité !

Dans l'Eure, la forteresse de Château-Gaillard, le fief de Richard Cœur de Lion – duc de Normandie et roi d'Angleterre – a longtemps nargué le roi de France. Celui-ci s'en empare en 1204.

De victoire en victoire

Philippe Auguste se proclame pour la première fois roi de France et non plus roi des Francs.

En 1199, Richard Cœur de Lion meurt et Philippe Auguste se retrouve définitivement libéré de son pire ennemi. Quelques années plus tard, en 1204, la ville de Rouen capitule et Philippe Auguste annexe la Normandie, puis il occupe l'Anjou et le Poitou. Mais en 1214, Jean sans Terre, le nouveau roi d'Angleterre, fait alliance avec des princes étrangers et des vassaux révoltés pour l'attaquer. Philippe Auguste écrase ses ennemis à Bouvines, dans le Nord. Lorsqu'il meurt, en 1223, d'une fièvre tenace, les premières grandes funérailles royales sont organisées à l'abbaye de Saint-Denis.

La construction de l'abbaye de Saint-Denis a commencé dès la fin du Ve siècle, sur la tombe du premier évêque de Paris du même nom. Elle est le lieu de sépulture de la plupart des rois de France.

Louis VIII le Lion

Au XIIe siècle, dans le sud de la France, certains chrétiens, appelés cathares, ont rejeté l'enseignement de l'Église traditionnelle et arrêté d'obéir au pape. Pour l'Église, ces gens étaient des hérétiques dont il fallait se débarrasser. Nombreux sont les cathares qui sont morts brûlés sur des bûchers…

Louis VIII, le fils de Philippe Auguste, est le premier roi capétien qui n'ait pas été associé à la couronne du vivant de son père. Mais le pouvoir royal est désormais fortement implanté et le souverain se trouve à la tête d'une solide armée. Quand il accède au trône en 1223, Louis VIII a déjà 36 ans et une belle carrière militaire derrière lui, aux côtés de son père, ce qui lui vaut le surnom de « Lion ». Plus pieux que Philippe Auguste, il part en croisade contre les Albigeois, appelés aussi cathares, en 1225, et enlève plusieurs villes du sud-ouest de la France.

Blanche de Castille

Alors qu'il a habilement étendu son pouvoir dans le sud de la France, Louis VIII meurt à peine trois ans après être monté sur le trône. Son fils, Louis IX, n'a que 12 ans et c'est Blanche de Castille, sa mère, qui exerce la régence jusqu'à sa majorité. Louis IX l'associera au pouvoir jusqu'à sa mort, en 1252. Très habile négociatrice, Blanche de Castille parvient à venir à bout de la révolte de quelques puissants vassaux, entraînés par le duc de Bretagne, et une trêve est signée en 1230.

La régence est une période pendant laquelle, quand le roi n'est pas en âge de gouverner, le pouvoir est confié à un proche parent.

Un roi charitable

Louis IX est un roi sincèrement bon. Il fait construire des institutions charitables, comme l'Hospice des Quinze-Vingt qui accueille 300 aveugles. Il passe également du temps à négocier avec ses adversaires pour obtenir la paix. C'est aussi à cette époque qu'apparaît le Parlement, un tribunal accessible à tous, riches comme pauvres, pour juger les affaires les plus diverses. Également très pieux, Louis IX dirige une guerre sainte en 1248 pour délivrer Jérusalem de nouveau aux mains des musulmans depuis quatre ans. Vaincu, il est fait prisonnier, puis, une fois relâché, il passe plusieurs années à délivrer les prisonniers chrétiens et à soigner les malades. En 1270, il repart en croisade contre l'avis de tous, mais meurt en Tunisie, emporté par la peste.

À cette époque, les juifs, assez nombreux dans le royaume, sont pourtant maltraités par Louis IX qui les oblige à porter un rond de tissu pour qu'on les reconnaisse.

En 1297, il est canonisé (c'est-à-dire admis parmi les saints) par l'Église catholique qui en fait le modèle du roi chrétien. Il devient Saint Louis.

Saint Louis rendant la justice sous le chêne de Vincennes,
Georges Rouget (1783-1869). Musée national du château de Versailles.

L'héritage de Louis IX

À la mort de Louis IX, son second fils, Philippe III, prend la succession. Si on le surnomme « le Hardi », c'est davantage pour son talent à la chasse ou son côté irréfléchi que pour son habileté à gouverner ! Il est largement dominé par les gens qui l'entourent, mais cela n'empêche toutefois pas le domaine royal de s'agrandir encore. Il meurt en cherchant à s'emparer du royaume d'Aragon, en Espagne, en 1285. Le pouvoir revient alors à Philippe le Bel, son fils.

Une nouvelle façon de gouverner

Impénétrable et silencieux, Philippe IV le Bel s'entoure de spécialistes du droit et des lois qui participent aux décisions et qui défendent ses intérêts partout dans le royaume. Il met fin au conflit de l'Aragon qui a coûté la vie à son père et se bat ensuite contre l'Angleterre qui a fait alliance avec le comte de Flandre. Après avoir remporté la bataille, il occupe la Flandre.

Un conflit avec le pape

En 1296, Philippe IV s'oppose au pape Boniface VIII en imposant au clergé le paiement d'un impôt : la décime (un dixième des revenus provenant des terres de l'Église). Il faut dire que Philippe le Bel a sans cesse besoin d'argent pour faire la guerre et entre-

À court d'argent, le roi Philippe s'empare de la fortune accumulée des Templiers, d'anciens moines-chevaliers chargés d'aider les croisés en Terre Sainte. En 1307, ils sont arrêtés sur ordre du roi et avouent, sous la torture, des crimes qu'ils n'ont sans doute pas commis. Le grand maître des Templiers est brûlé vif.

tenir un royaume devenu puissant. La crise avec le pape prendra fin en 1305, après la mort de Boniface – humilié – et l'arrivée d'un nouveau pape, Clément V, qui s'installe désormais en Avignon. Philippe le Bel a gagné : dorénavant, la papauté n'interviendra plus dans les affaires intérieures du royaume…

Un beau scandale !

Successeur à 25 ans de son père Philippe IV le Bel, Louis X le Hutin monte sur le trône en plein scandale. Sa femme, Marguerite de Bourgogne, vient d'être reconnue coupable d'infidélité. Deux autres des belles filles de son père sont également coupables ou complices d'adultère. Les amants de Marguerite sont écorchés vifs, décapités ou pendus, et elle-même est emprisonnée jusqu'à la fin de ses jours. La deuxième coupable finit sa vie au couvent et la troisième, simple complice, réussit de justesse à se faire pardonner par son mari.

Le Hutin, c'est-à-dire « le Querelleur ».

42

Philippe V le Long

Sacré à Reims en 1317, Philippe V le Long, frère de Louis X, se fait proclamer roi de France et de Navarre et remplace le fils de Louis X qui, de toute façon, ne vit que quelques jours ! Il évince en revanche réellement sa nièce, fille de Louis X, sous prétexte que sa mère, Marguerite de Bourgogne, est une reine adultère. Pendant les quatre ans de son règne, Philippe le Long s'occupe de l'administration intérieure et règle la question de la Flandre en signant la paix.

La fin de la dynastie capétienne

C'est Charles IV le Bel, le troisième fils de Philippe le Bel, qui prend la succession de Philippe V, en 1322. Il durcit le ton avec Édouard II, roi d'Angleterre et duc d'Aquitaine, et il s'empare de la Guyenne anglaise, avec l'aide de son oncle, Charles de Valois. Les tensions ne cesseront désormais de s'accroître entre les deux pays… Charles IV meurt en 1328. Comme ses frères qui ont gouverné avant lui, il n'a pas d'héritier mâle à placer sur le trône. C'en est fini de la lignée des Capétiens directs.

GÉNÉALOGIE DES CAPÉTIENS

HUGUES Ier CAPET
duc des Francs-roi de France (987-996)

ROBERT II le Pieux
roi de France (996-1031)

ép. 3, v. 1003, Constance d'Arles, fille du duc comte Guillaume Ier

HENRI Ier
roi de France (1031-1060)

ép. 2, en 1051, Anne, fille du grand-duc de Kiev

PHILIPPE Ier
roi de France (1060-1108)

LOUIS VI le Gros
roi de France (1108-1137) ép. en 1115, Adélaïde de Savoie

LOUIS VII le Jeune
roi de France (1137-1180)

ép. 3, en 1160, Adèle de Champagne

PHILIPPE II Auguste
roi de France (1180-1223)

ép. 1, en 1180, Isabelle de Hainaut, fille du comte de Flandre

LOUIS VIII le Lion
roi de France (1223-1226)

ép. en 1200 Blanche de Castille, fille du roi Alphonse VIII

LOUIX IX (SAINT LOUIS)
roi de France (1226-1270)

ép. en 1234 Marguerite de Provence, fille de Raymond-Bérenger V

PHILIPPE III le Hardi
roi de France (1270-1285)

ép. 1, en 1262, Isabelle, fille du roi d'Aragon Jacques Ier

PHILIPPE IV le Bel
roi de France (1285-1314)

ép. en 1284 Jeanne de Navarre-Champagne, fille du roi Henri Ier

LOUIS X le Hutin
roi de France (1314-1316)

ép. 2, en 1315, Clémence de
Hongrie, fille du roi Charles Martel

JEAN Ier le Posthume
roi de France (1316)

PHILIPPE V le Long
roi de France (1317-1322)

CHARLES IV le Bel
roi de France (1322-1328)

4

LES VALOIS

Quand Charles IV meurt en 1328, la reine attend un enfant. Comme c'est une fille qui naît, elle n'a pas droit au trône ! C'est Philippe VI de Valois, le cousin de Charles IV, qui se fait proclamer roi. Une nouvelle dynastie commence. 13 rois se succéderont pendant 260 ans…

Une succession contestée

À la mort de Charles IV, trois candidats peuvent prétendre au trône : Édouard III d'Angleterre, dont la mère est la sœur du roi mort ; Philippe d'Evreux, roi de Navarre, le fils d'un demi-frère de Philippe le Bel ; et Philippe de Valois, son cousin. C'est ce dernier que choisit l'assemblée de barons réunie à Vincennes. C'est un brillant chevalier et il assure déjà la régence depuis deux mois…

Le début des conflits

À peine devenu roi, Philippe VI se porte au secours du comte de Flandre. Celui-ci lui demande de l'aide pour mater la révolte des bourgeois flamands. Sans se rendre compte qu'il risque de provoquer la colère du roi d'Angleterre qui fait du commerce avec les Flamands, le roi français et son armée écrasent les insurgés. C'est le début d'une longue série de conflits entre la France et l'Angleterre. Quelques années plus tard, en 1337, Philippe VI de Valois fait saisir la Guyenne, un fief d'Édouard III d'Angleterre. Celui-ci riposte en faisant porter une déclaration de guerre à « Philippe de Valois, qui se dit roi de France ». Peu de temps après, le roi d'Angleterre se proclame l'héritier du royaume de France. La guerre de Cent Ans commence. Elle durera précisément de 1337 à 1453.

L'actuelle Aquitaine.

La Guerre de Cent Ans

Les premières batailles voient la déroute des armées françaises. En 1340, le roi d'Angleterre envoie une flotte vers la France, en réponse à Philippe VI

LES BOURGEOIS DE CALAIS

Selon le récit traditionnel, six bourgeois en chemise et la corde au cou furent chargés d'apporter les clefs de la ville de Calais. Bien décidé à leur faire payer un siège qui dura près d'un an, le roi d'Angleterre s'inclina toutefois devant la volonté de sa femme, la reine Philippa de Hainaut, qui le supplia de laisser la vie sauve aux riches marchands.

Gravure des **Bourgeois de Calais**, *1910.*

qui veut une bataille navale. Mais les amiraux français font l'erreur d'ancrer leurs navires dans la baie de l'Écluse, près de Bruges, plutôt que d'affronter l'ennemi au large. Victimes des habiles archets anglais, les navires français sont presque tous détruits. En 1346, Édouard III d'Angleterre débarque en Normandie. Il défait devant Caen une armée venue l'arrêter, puis il remonte vers le nord. Philippe VI, dont l'armée est bien supérieure, rattrape son ennemi à Crécy. Il engage la bataille mais la lourde chevalerie se fait une fois encore décimer par les flèches des archers anglais. Philippe doit alors s'enfuir plutôt que de se faire prendre, et Édouard III s'attaque à Calais qui capitule après un siège long de 11 mois. La ville, devenue anglaise, ne redeviendra française qu'en 1558 !

La Grande Peste

Après la capitulation de Calais, l'assemblée des États généraux, réunie par Philippe VI en 1347 pour déterminer les impôts nécessaires à la suite de la guerre, lui reproche cette lourde défaite. Pour le roi français, la fin de règne devient difficile. D'autant que l'année suivante, la peste noire d'Asie centrale, apportée par des marins italiens, ravage le pays. Environ une personne sur trois meurt à ce moment-là de cette maladie. Elle fit peut-être 25 millions de victimes dans toute l'Europe !

Les États généraux étaient l'assemblée qui regroupait les représentants du royaume.

Faire la guerre coûte très cher et le roi doit lever de nouveaux impôts. En 1341, il généralisa la gabelle qui consistait à prélever la moitié du prix de vente du sel (à l'époque, les aliments étaient conservés dans le sel) !

On l'appelait la peste noire parce que le corps des malades noircissait avant leur mort.

La crise économique

Quand il meurt en 1350, Philippe VI de Valois a 57 ans. Il laisse le pays dans un piteux état. Il a accumulé les défaites et le pays va mal : depuis l'an passé, la famine a gagné les villes et les campagnes, faute de main d'œuvre la précédente année pour organiser les récoltes. À cause, aussi, de mauvaises conditions climatiques. Toutefois, avant de mourir, Philippe conclut une trêve avec son rival anglais car les deux camps sont épuisés. Elle durera jusqu'en 1355.

Un roi maladroit

Jean le Bon était surnommé ainsi parce qu'il était bon dans le maniement de l'épée.

Jean II le Bon a 35 ans lorsqu'il prend la succession de son père. La France est sinistrée mais il préfère s'amuser et organiser des fêtes à Paris ! À cette époque, le Prince Noir, le fils du roi anglais Édouard III, prend la relève de son père et se lance à l'assaut de la France. Jean le Bon essaie de l'arrêter près de Poitiers, en 1356, mais la bataille est un désastre pour les armées françaises malgré leur supériorité. Au lieu de fuir comme trois de ses fils, le roi se bat à pieds, cerné de tous les côtés par les Anglais. Seul son jeune fils Philippe, âgé de 14 ans, est resté auprès de lui. Malgré son courage, Jean le Bon est fait prisonnier et emmené à Londres, en Angleterre.

Jean le Bon offrant au pape Clément VI un diptyque, lors de sa visite en Avignon, en 1342.

La réunion des États

Après la catastrophe de Poitiers, le dauphin Charles (le futur Charles V), âgé de 18 ans, prend le titre de lieutenant du roi Jean. Très vite, il doit convoquer les États généraux pour faire face à la situation critique. Le roi prisonnier n'a plus aucun prestige et Charles est contraint de faire de nombreuses concessions. En même temps, les bourgeois de Paris se révoltent, menés par Étienne Marcel, devenu prévôt des marchands, et soutenus par le roi de Navarre Charles le Mauvais.

En 1349, le Dauphiné (à l'est du Rhône) est entré dans le domaine royal. Le fils du roi sera donc le premier à porter le titre de « dauphin ».

Le prévôt est un officier chargé, entre autres, de percevoir les impôts pour le roi.

Le 22 juin 1358, une émeute éclate à Paris et une foule envahit les appartements du roi. Deux de ses conseillers sont tués sous ses yeux et le dauphin Charles doit quitter Paris précipitamment, juste après s'être déclaré « régent » pour mieux assurer son pouvoir…

La grande Jacquerie

C'est alors qu'en Ile-de-France, en Champagne et en Picardie, les paysans se soulèvent. Leur insurrection prend le nom de « Jacquerie ». Ce n'est pas une révolte contre la misère : ils protestent essentiellement contre les impôts qui les assaillent et montrent leur inquiétude face à la crise économique. Le dauphin Charles parvient à reprendre la capitale et Étienne Marcel est assassiné le 31 juillet 1358 pour avoir voulu ouvrir les portes de Paris aux Anglais. Charles laisse également le soin à la noblesse effrayée d'écraser la Jacquerie et c'est Charles le Mauvais qui se charge de réprimer dans le sang la révolte paysanne.

Charles le Mauvais fut surnommé ainsi en raison de ses nombreuses trahisons !

Les traités de paix

Pendant ce temps-là, le roi Jean II le Bon, toujours prisonnier en Angleterre, essayait de négocier sa libération. En 1359, il signe un traité par lequel il cède aux Anglais la moitié de son royaume. Devant le prix exorbitant à payer, les États généraux et

Étienne Marcel protégeant le dauphin *(détail)*,
par Jean-Paul Laurens, 1892-1895.
Paris, Hôtel de Ville, salon Lobau.

son fils, le futur Charles V, s'y opposent. Furieux, Édouard III s'attribue alors le titre de roi de France et d'Angleterre et débarque en France pour s'y faire sacrer. Mais partout on l'ignore et, dépité, il est contraint de retourner chez lui. Le 8 mai 1360, un traité plus avantageux pour la France est alors signé à Brétigny par le régent de la France et le Prince Noir. Édouard III renonce au titre de roi de France mais il conserve l'Aquitaine et exige une rançon de 3 millions d'écus d'or !

La fin de Jean II le Bon

En attendant le paiement de la rançon, le roi d'Angleterre réclame plusieurs otages en échange de la libération du roi français. Parmi ceux-ci, Louis d'Anjou, le fils de Jean II, s'évade, impatient de retrouver sa jeune épouse qui l'attend. Pour prouver sa bonne foi et en vrai chevalier, le roi de France retourne à Londres se constituer prisonnier. Il y meurt en 1364. En toute logique, Charles V est sacré roi et prend la succession.

Le redressement du pays

Quand il succède à son père, Charles est déjà aux commandes du pays depuis 8 ans et il est sorti grandi de toutes les difficultés. En mai 1364, il écrase les troupes de Charles le Mauvais à Cocherel, avec l'aide de Bertrand Du Guesclin,

Charles V et Jeanne de Bourbon entourés de leurs enfants, à leurs pieds, le traducteur Jean Golein. **Rational des divins offices** *de* **Durand de Mende, 1374.**

un chevalier breton. Il restaure également la sécurité en débarrassant le royaume des Grandes Compagnies. À partir de 1369, les armées royales emmenées par Du Guesclin reprennent une partie de l'Aquitaine cédée au traité de Brétigny. En 1378, une trêve est signée.

Inactifs pendant les trêves de la guerre de Cent Ans, des soldats anglais et français se sont organisés en bandes, les Grandes Compagnies, pour piller les villes et les campagnes.

La folie de Charles VI

À la mort de Charles V, en 1380, son fils hérite d'un royaume devenu puissant. Comme il a moins de 12 ans, on le soumet à la tutelle de ses oncles.

En août 1392, dans la forêt du Mans, Charles VI dégaine son épée contre ses compagnons, et son frère échappe de justesse à la mort. Il tue tout de même 45 personnes ! L'année suivante, dans un bal, il met le feu par accident au déguisement de plusieurs convives, ce qui n'améliore pas son état mental !

Mais en 1392, il devient fou et sa démence favorise les intrigues autour de lui. Ses oncles, le duc d'Orléans et le duc de Bourgogne, se disputent le pouvoir. Le premier est assassiné en 1407 sur ordre du second. Une véritable guerre civile éclate entre les Bourguignons d'un côté et les Armagnacs qui veulent venger le souvenir du duc d'Orléans, de l'autre.

Le retour de la guerre

Pendant que les deux camps se livrent à d'horribles massacres, le roi d'Angleterre Henri V en profite pour reprendre les combats. Il remporte une importante victoire à Azincourt, le 25 octobre 1415. Environ 9 000 chevaliers français y trouvent la mort. En 1419, les Anglais occupent la Normandie et à la fin du mois de juillet, ils sont aux portes de Paris qui est sous le contrôle des Bourguignons. En 1420, le traité de Troyes livre le pays à Henri V qui devient le régent et l'héritier du royaume de France.

Jeanne d'Arc

À la mort de Charles VI en 1422, le royaume est presqu'entièrement occupé par les Anglais. Le dauphin, Charles VII, a été déclaré bâtard par sa propre mère, Isabeau de Bavière, qui a participé aux négociations du traité de Troyes, et il est exclu du trône. Reconnu par quelques régions françaises, il est tout de même le « roi de Bourges », mais il n'a ni véritable gouvernement, ni armée digne de ce nom. En 1429, la ville d'Orléans est assiégée et Charles VII s'apprête à fuir. Mais le 6 mars, il fait la connaissance à Chinon d'une petite bergère de 16 ans, venue de Lorraine : elle s'appelle Jeanne d'Arc.

Des victoires au bûcher

Jeanne d'Arc, persuadée d'être investie d'une mission divine, force les portes du roi et le convainc de poursuivre la résistance. Elle se fait donner une armure, une bannière blanche et une armée et, de nuit, elle entre dans Orléans. Quelques jours plus tard, le 8 mai 1429, elle parvient à contraindre les Anglais à lever le siège. Le 18 juin, elle met en déroute à Patay une armée anglaise. Puis, elle entraîne le dauphin jusqu'à Reims, avec 10 000 hommes pour ouvrir la route. Le 17 juillet, elle le fait sacrer et fait de lui « le vrai roi ». Si bien qu'une bonne partie du royaume se rallie rapidement à lui…

Mais en 1430, Jeanne d'Arc tombe aux mains des Bourguignons, à Compiègne, et elle est vendue aux Anglais. Elle est alors condamnée pour sorcellerie et brûlée vive sur la place du Vieux-Marché de Rouen, le 30 mai 1431, sans que Charles VII ne songe à la sauver.

En 1450, Charles VII demanda la révision du procès de Jeanne d'Arc. Six années après, elle fut réhabilitée. Et plusieurs siècles plus tard, en 1920, elle fut canonisée, puis proclamée patronne de la France en 1922.

Charles VII reçoit, au château de Loches, Jeanne d'Arc qui le convainc de se faire sacrer à Reims. Peinture d'Alexandre Millin du Perreux, château de Loches.

La reconquête du pouvoir

L'extraordinaire combat de Jeanne d'Arc marque le début de la reconquête de la souveraineté. En 1435, Charles VII signe le traité d'Arras qui cède au duc de Bourgogne plusieurs territoires, mais qui permet surtout de détacher la Bourgogne de l'alliance anglaise. Désormais, le roi peut réinvestir Paris et il fait une entrée solennelle dans la ville le 12 novembre 1437. En 1447, Charles VII rassemble une armée de 15 000 hommes ; il peut aussi compter sur son artillerie, la plus puissante d'Europe. De nouvelles machines de guerre apparaissent, comme les couleuvrines, des canons très maniables. Il a désormais toutes les chances de succès dans le combat contre l'Angleterre.

Portrait de Charles VII *par Jean Fouquet, vers 1450. Paris, musée du Louvre.*

La fin de la guerre de Cent Ans

Le 15 avril 1450, Charles remporte la victoire de Formigny et récupère la Normandie. Trois ans plus tard, la victoire de Castillon lui permet de retrouver la Guyenne. C'en est fini de la guerre de Cent Ans. Seule la ville de Calais restera encore, pour un siècle, aux mains des Anglais. Mais à cette exception près, le royaume est totalement libéré dès 1453.

En 1475, le roi Louis XI achètera le départ de France d'Édouard VI débarqué à Calais. Ils signeront tous les deux le seul traité officiel mettant fin à cette guerre.

La relance de l'activité économique

Si la France est libérée, il reste à prendre des mesures pour relancer l'économie. Les campagnes et les villes ont été désertées. Les champs ne sont plus cultivés et les routes sont impraticables. Des bandes de loups errent dans Paris. Pour remettre les terres en friche, les paysans sont dispensés de payer certains impôts. Et des accords d'échanges commerciaux sont signés avec les pays méditerranéens.

Jacques Cœur est le plus célèbre des hommes d'affaires de l'époque. Ses navires vont chercher en Orient des épices et de nombreux autres produits appréciés.

Des débuts difficiles

Louis XI a 37 ans quand il prend la succession de son père Charles VII. On le sait ambitieux et il a même comploté de nombreuses fois contre son père ! Comme il a passé l'âge de jouer les chevaliers, il préfère gouverner de son cabinet. Il est aussi très rusé et habile en diplomatie. Ce talent va lui servir quand, en 1465, il doit faire face à la révolte des Grands qui créent la ligue du Bien public pour lutter contre le poids du pouvoir royal. Celle-ci est dirigée par le propre frère du roi, Charles de France, à la tête de plus de 60 000 hommes. En octobre, Louis XI est contraint de signer deux traités par lesquels il cède presque toutes ses possessions. Mais dès l'année suivante, il récupère une partie de ses terres en appliquant son style politique : reprendre ce qu'il avait apparemment lâché ; et il vient ainsi à bout de ses opposants.

Louis XI était décrit comme un homme rusé et calculateur, capable de se mêler à la foule pour entendre ce qui se disait. Un chroniqueur de l'époque l'a comparé à une « universelle araignée » qui tisse sa toile pour y faire tomber ses adversaires…

La lutte contre les Bourguignons

Le principal problème du règne de Louis XI reste la Bourgogne. Charles le Téméraire, duc en 1467, a l'ambition de créer un royaume en annexant les territoires situés entre ses possessions du nord et du sud. En 1468, Louis XI attise une révolte des Liégeois contre Charles le Téméraire mais celui-ci découvre le complot alors qu'ils se rencontrent à Péronne pour régler « à l'amiable » leurs différents. Le roi est fait prisonnier et il se voit contraint de signer l'humiliant traité de Péronne par lequel il cède ses droits sur la Flandre.

À l'époque, les ducs de Bourgogne possèdent, au nord, une partie du Luxembourg et de la Hollande et, au sud, la Bourgogne et la Franche-Comté.

La mort de Charles le Téméraire

Il faudra 10 ans à Louis XI pour venir à bout de son ennemi, avec le soutien du duc de Lorraine et des Suisses. En 1477, Charles le Téméraire est tué devant la ville de Nancy qui s'est soulevée contre lui. Son cadavre est retrouvé deux jours plus tard sous la neige… Ravi, Louis XI s'empare du duché de Bourgogne et de la Picardie. Il laisse toutefois à Marie de Bourgogne, la fille du Téméraire, et à son mari l'archiduc Maximilien d'Autriche, l'Artois et la Franche-Comté. Par ailleurs, le roi récupère aussi avec habileté l'Anjou, le Maine, la Provence et le Roussillon. Quand il meurt en 1483, Louis XI a considérablement agrandi le domaine royal qui se rapproche des frontières actuelles que nous connaissons.

La Renaissance italienne

Alors que la France sort tout juste de la guerre de Cent Ans, l'Italie est, dès la fin du XVᵉ siècle, le berceau intellectuel et artistique de l'Europe. Dans les grandes villes d'Italie, on se passionne pour les arts et les princes encouragent et financent les artistes. Cette « Renaissance » se caractérise aussi par une nouvelle façon d'apprendre et de penser, l'humanisme, qui s'appuie sur la redécouverte de l'Antiquité grecque et romaine, souvent à travers des manuscrits venus de Constantinople. Les humanistes placent l'homme au centre de leurs préoccupations. Ils mettent en valeur sa liberté de penser et d'agir, alors qu'au Moyen Âge, l'enseignement était, avant tout, tourné vers la religion, et impliquait l'étude d'indigestes traités en latin. L'invention de l'imprimerie accéléra aussi la diffusion des connaissances et des idées.

Après la prise de Constantinople par les Turcs en 1453, les savants grecs se sont réfugiés en Italie, apportant dans leurs bagages des manuscrits venus de l'Antiquité grecque.

Les humanistes étaient peintres et savants comme Léonard de Vinci ; sculpteurs et peintres comme Michel Ange ; médecins et écrivains comme Rabelais. Ce dernier s'est moqué de la bêtise et de la violence de ses contemporains en racontant de façon comique les aventures des géants Pantagruel, Gargantua et Grandgousier.

Les guerres d'Italie

En France, la fille aînée de Louis XI est régente en attendant que son frère, Charles VIII, atteigne sa majorité. En 1491, elle marie le jeune roi à Anne de Bretagne, héritière du duché de Bretagne, qui est ainsi rattaché à la couronne de France. Grand amateur de récits de chevalerie, Charles VIII se lance à la conquête de l'Italie dès que le pouvoir lui revient. Il monte une expédition pour

GUTENBERG ET L'IMPRIMERIE

C'est vers 1440 que l'imprimeur allemand Gutenberg met au point une invention qui permet à l'imprimerie de se développer rapidement. Il a en effet l'idée de fabriquer des caractères en plomb mobiles et métalliques que l'on peut assembler à sa guise pour composer des phrases. Disposés dans un moule, il suffisait de passer de l'encre dessus puis d'y appuyer une feuille pour que les textes s'impriment.

Johannes Gutenberg dans son atelier, gravure colorée.

reconquérir le royaume de Naples sous le prétexte qu'il appartenait par le passé à la famille française d'Anjou. La victoire est magnifique et tout le sud de l'Italie est rapidement sous domination française. Mais aveuglé par le succès, Charles ne voit pas la ligue qui se forme contre lui. Il doit battre en retraite et parvient de justesse à regagner la France.

Un accident stupide

Il ne reste rien des conquêtes italiennes, si ce n'est, pour Charles VIII, le souvenir ébloui des richesses de ce pays. D'ailleurs il a rapporté de nombreuses œuvres d'art, des meubles et des tapisseries. Il transforme le château d'Amboise en une résidence magnifique. Mais en 1498, le roi heurte bêtement le linteau d'une porte de son château. Le coup est si violent qu'il meurt quelques heures après, à peine âgé de 28 ans.

La poursuite de la conquête italienne

Le successeur de Charles VIII, mort sans enfant, est son cousin Louis d'Orléans. Devenu Louis XII, il épouse Anne de Bretagne, la veuve de Charles, pour conserver le duché qui appartient à celle-ci ! À son tour, le nouveau roi s'intéresse à l'Italie. Il réclame le Milanais, dans le nord et il s'efforce de reprendre Naples. Mais après bien des péripéties, il ne parvient pas à conquérir durablement ces territoires. Il meurt dans la nuit du 31 décembre 1514, sans descendant mâle pour lui succéder.

François Ier, un roi prestigieux

C'est François Ier qui prend la suite, le 1er janvier 1515. L'année précédente, il a épousé la fille de Louis XII, Claude de France. Dès son avènement, il part à son tour conquérir l'Italie et remporte une éclatante victoire à Marignan contre les Suisses qui gardaient Milan. Mais dès 1521, François Ier

Sur le champ de bataille, François Ier demande au célèbre chevalier Bayard « sans peur et sans reproche » de l'armer chevalier conformément à la tradition. Le roi se met à genoux, Bayard sort son épée de son fourreau et, la posant sur l'épaule de son roi, prononce : « Sire, je vous fais chevalier et vous promets assistance comme le firent avant moi, pour d'autres souverains, Roland et Godefroi de Bouillon. »

Louis XII, roi de France, et la reine Anne de Bretagne, *École française du xvie siècle. Chantilly, musée Condé.*

doit affronter l'autre grand souverain, Charles Quint, roi d'Espagne depuis 1516 et élu empereur germanique en 1519. Il règne sur une grande partie de l'Europe et François Ier n'entend pas se laisser intimider. Cinq guerres les opposeront, réparties sur près de 40 ans. En 1525, le roi de France est fait prisonnier à Pavie, en Italie. Il n'est libéré qu'un an plus tard en échange de ses deux fils gardés en otage, Henri et François, alors agés de 7 et 8 ans.

Le château de Chambord, un des chefs-d'œuvre de l'architecture française, abrite 440 pièces et 365 cheminées. Ici, vue de la façade ouest du château.

François Ier *(détail) par J. Clouet, v. 1535. Paris, musée du Louvre.*

La Renaissance italienne gagne la France

Les guerres en Italie ont permis aux soldats français de découvrir les splendeurs de la Renaissance. De retour au pays, François Ier fait venir plusieurs artistes tels que Léonard de Vinci qui s'installe près d'Amboise. Partout, on construit de superbes châteaux ornés de jardins à l'italienne. François Ier lui-même fait édifier Chambord avec son célèbre escalier double en spirale. Il favorise également les grands voyages d'exploration, dont celui de Jacques Cartier qui découvre le Canada en 1534.

La naissance du protestantisme

La religion n'échappe pas aux bouleversements apportés par la Renaissance. Dès 1517, l'Allemand

Surnommé le « père des lettres », François Ier a obligé les imprimeurs à donner à l'État un exemplaire de chaque ouvrage publié. C'est une pratique qui a lieu encore aujourd'hui. En 1530, il a aussi fondé le Collège de France où l'on étudie le grec ancien, l'hébreu et les mathématiques.

Au Moyen Âge, la langue d'oïl était parlée au nord de la Loire (« oui » se disait « oïl ») et la langue d'oc au sud (« oui » se disait « oc ») ! Avec François Ier, le français devient la langue officielle.

Luther et, plus tard, le Français Calvin proposent une réforme du christianisme. Ils critiquent durement l'Église catholique et le pape, à qui ils reprochent de vendre aux croyants des indulgences. Leurs idées, bien que condamnées par l'Église, se répandent dans toute l'Europe. En France, les adeptes de cette nouvelle religion sont appelés les « réformés », les « huguenots » ou les « protestants ». François Iᵉʳ, un moment séduit par ces idées religieuses nouvelles, condamne finalement le protestantisme et choisit la voie de la répression à partir de 1534. Les protestants sont arrêtés et une longue persécution commence dès la fin du règne de François Iᵉʳ.

La fin des guerres d'Italie

Henri II, le fils de François Iᵉʳ n'a, comme son père, qu'une seule préoccupation : poursuivre la lutte contre leur rival Charles Quint.

En 1556, ce dernier cède le pouvoir à ses deux fils, Philippe II qui devient roi d'Espagne et Ferdinand qui devient empereur d'Allemagne.

En 1559, le traité de Cateau-Cambrésis met définitivement fin à la lutte, après plusieurs dizaines d'années de conflit. Les Habsbourg conservent le Milanais tandis que la France conserve Metz, Toul et Verdun dont elle s'était emparée en 1552. Calais revient à la France. Pendant la fête donnée en l'honneur de ce traité, Henri II est blessé à l'œil lors d'un tournoi et il meurt 10 jours plus tard.

Le temps des guerres de religion

Le fils de Henri II, François II, n'a que 15 ans à la mort de son père. Il est en mauvaise santé et on le dit alors incapable de gouverner. Sa mère, Catherine de Médicis, confie la direction du royaume au duc François de Guise et à son frère Charles de Lorraine. François de Guise engage alors une terrible répression contre les protestants. Parmi eux, certains organisent un complot pour soustraire le roi à l'influence

Catherine de Médicis.

Entrée d'Henri II à Rouen, le 1ᵉʳ octobre 1550 : cortège des chevaliers passant devant la tribune d'Henri II. Rouen, bibliothèque municipale.

de ses deux régents. C'est la Conjuration d'Amboise, en 1560. Mais leur tentative est mise à jour et les conjurés sont arrêtés et pendus. D'autres encore finissent noyés dans la Seine. Ce massacre déclenche une série de guerres civiles, les guerres de religion, qui ensanglantent le pays pendant plus de 30 ans, de 1562 à 1598.

Le massacre de la Saint-Barthélemy

À la mort de son frère, le deuxième fils d'Henri II, Charles IX, monte sur le trône. Mais comme il

est trop jeune, c'est sa mère Catherine de Médicis qui assure la régence pendant quelques années. En 1572, elle persuade son fils de faire assassiner les principaux chefs protestants réunis à Paris. Le matin du 24 août, jour de la Saint-Barthélemy, la plupart des chefs sont tués avec des milliers d'autres protestants. Charles IX meurt en 1574 en s'écriant pris de remords : « Que de sang, que de sang ! »

La fin des Valois

Son frère, Henri III, duc d'Anjou, lui succède. En fin politique, il essaie de concilier catholiques et protestants. Il accorde aux protestants le droit de célébrer leur culte et de pouvoir accéder à toutes les fonctions. Mais le duc de Guise rassemble tous les catholiques mécontents et fonde la Sainte Ligue. Il annonce également son intention de devenir roi à la place de Henri III, ce qui lui vaut d'être assassiné en 1588. Un an plus tard, un moine fanatique tue à son tour le roi d'un coup de poignard. Henri III n'a pas d'héritier et il n'a plus de frères en vie. La dynastie des Valois s'éteint.

Le massacre de la Saint-Barthélemy, *gravure. Paris, Bibliothèque nationale de France.*

GÉNÉALOGIE DES VALOIS

PHILIPPE VI de Valois
roi de France (1328-1350)
— ép. 1, en 1313, Jeanne de Bourgogne
Fille du duc Robert II

JEAN II le Bon
roi de France (1350-1364)
— ép. 1, en 1332, Bonne de Luxembourg,
fille de Jean Ier, roi de Bohème

CHARLES V le Sage
roi de France (1364-1380)
— ép. en 1350 Jeanne de Bourbon
fille du duc Pierre Ier

CHARLES VI le Fou
roi de France (1380-1422)
ép. en 1385 Isabeau de Bavière,
Fille du duc Étienne II

CHARLES VII le Victorieux
roi de France (1422-1461)

ép. en 1422 Marie d'Anjou,
fille du roi de Naples
Louis II (morte en 1463)

LOUIS XI
roi de France (1461-1483)

ép. 2, en 1451,
Charlotte de Savoie,
fille du duc Louis II

CHARLES VIII
roi de France (1483-1498)
fin de la branche directe des Valois

LOUIS d'Orléans
duc d'Orléans
— ép. en 1389
Valentine Visconti,
fille de Jean-Galéas Visconti,
duc de Milan

CHARLES d'Orléans
duc d'Orléans
ép. 3, en 1440 Marie de Clèves,
fille du duc Adolphe IV

LOUIS XII
roi de France (1498-1515)
ép. 2, en 1499,
Anne de Bretagne,
veuve du roi Charles VIII

JEAN d'Angoulême
comte d'Angoulême
ép. en 1499
Marguerite de Rohan

CHARLES d'Angoulême
comte d'Angoulême, ép. en 1488 Louise de Savoie,
fille du duc Philippe II

FRANÇOIS Ier (1515-1547)
roi de France
ép. en 1514 Claude de France

HENRI II (1547-1559)
roi de France
ép. en 1533 Catherine de Médicis,
fille du duc Laurent

HENRI III
roi de France (1574-1589)

CHARLES IX
roi de France (1560-1574)

FRANÇOIS II
roi de France (1559-1560)

5

LES BOURBONS

En 1589, les Bourbons prennent la succession des Valois. De Henri IV à Louis-Philippe, ils vont régner pendant plus de 200 ans. En 1792, la proclamation de la Première République mettra fin à plus de 1 000 ans de royauté. Pourtant, 23 ans plus tard, la monarchie sera restaurée et les Bourbons reviendront au pouvoir quelques années encore.

Un roi protestant

C'est le fief du Bourbonnais, au nord du Massif central, qui a donné son nom à la dynastie des Bourbons.

Juste avant sa mort, Henri III a désigné son successeur en la personne de Henri de Bourbon, roi de Navarre. Mais celui-ci est de religion protestante et la France, majoritairement catholique, refuse de le reconnaître. En 1593, il décide donc de renoncer à sa religion et se convertit au catholicisme. Il est sacré en 1594 et Paris lui ouvre enfin ses portes. Son premier souci est de régler le problème des guerres de religion. Quatre ans plus tard, en 1598, il publie l'édit de Nantes qui accorde aux protestants la liberté de culte et la paix revient peu à peu.

« Paris vaut bien une messe ! », aurait déclaré Henri IV à ce moment-là.

L'édit de Nantes donne également aux protestants l'égalité devant la loi et l'accès à toutes les fonctions dans la société.

« Labourage et pâturage...»

Il ne suffit pas de restaurer la paix, encore faut-il redresser la France, ruinée par des dizaines d'années de combats. « Qui aurait dormi 40 ans penserait voir non la France mais le cadavre de la France », dira le roi. Celui-ci confie à son ami Sully la charge de redresser l'économie. En quelques années, ce dernier remet de l'ordre dans les finances et le pays redevient riche et prospère. Il allège la taille, un impôt qui pénalise les paysans, afin de favoriser le développement de l'agriculture.

Passionné d'agriculture, le surintendant des Finances Sully a déclaré : « Labourage et pâturage sont les deux mamelles de la France ».

Henri IV relevant Sully, par Millin du Perreux, 1819. Château de Fontainebleau, galerie des Fastes.

Le « Vert-Galant »

Le siècle s'achève. Henri IV a 47 ans et il n'a toujours pas d'héritier. Sa femme, Marguerite de Valois (la « reine Margot »), ne vit pas vraiment avec lui, pour cause d'infidélité. Lui-même, surnommé le « Vert-Galant », accumule les conquêtes féminines et a de nombreuses maîtresses. Après avoir obtenu l'annulation de son mariage, Henri IV épouse en 1600 Marie de Médicis, la fille du grand-duc de Toscane, afin d'avoir un héritier. C'est chose faite : le futur Louis XIII naît l'année suivante…

Assassiné par Ravaillac

Précédemment, Henri IV avait déjà échappé à 17 tentatives d'assassinats !

Le 14 mai 1610, Henri IV est assassiné alors que son carrosse est immobilisé rue de la Ferronnerie, à Paris. Le coup est porté par Ravaillac, un catholique fanatique. Alors que le pays l'avait violemment rejeté à ses débuts, Henri IV devient, à sa mort, le plus populaire des rois de France. Il est resté comme un roi généreux qui souhaitait que son peuple puisse manger à sa faim et mettre sur la table, chaque dimanche, une poule au pot…

La régence de Marie de Médicis

Quand Henri IV est assassiné, son fils Louis XIII n'a que 9 ans. Le Parlement de Paris confie la régence à sa mère Marie de Médicis. Mais

Le « bon roi Henri » meurt d'un coup de couteau à Paris, le 14 mai 1610.

elle est très mal conseillée par un couple d'Italiens, Concino Concini et Leonora Galigaï. Ceux-ci vident sans scrupules les caisses du royaume en se faisant verser de gigantesques pensions. En quelques années, l'argent amassé par Henri IV et Sully s'est envolé. En 1617, Louis fait assassiner Concini, et sa femme Leonora est brûlée comme sorcière !

Portrait en pied de Louis XIII.
Château de Fontainebleau,
salle du Trône.

Richelieu au secours du pouvoir

Après la disparition des Concini, Marie de Médicis et tous les ministres s'exilent à Blois et c'est un ami personnel de Louis XIII, Luynes, qui gouverne. Mais sa politique n'est guère plus éclairée et les nobles se révoltent, accompagnés par les protestants qui se soulèvent dans plusieurs provinces. La situation change quand, en 1624, le roi appelle près de lui le cardinal de Richelieu qui devient chef du Conseil. Il sera le bras droit de Louis XIII pendant 18 ans, réprimant durement les révoltes et déjouant les cabales, bien décidé à renforcer le pouvoir royal… En 1627, Richelieu fait le siège de la ville protestante de La Rochelle qui a fait appel aux troupes anglaises. Et deux ans plus tard, l'édit d'Alès laisse aux protestants la liberté de culte, conformément à l'édit de Nantes, mais leur retire leurs places fortes !

Pour reprendre le pouvoir, Marie de Médicis n'hésitera pas à organiser plusieurs complots contre son propre fils, Louis XIII.

La journée des Dupes

Le cardinal Richelieu frappe fort et dur dès que nécessaire. Grâce à de redoutables services secrets, il déjoue tous les complots. La famille du roi en fait même les frais : en ce lundi 11 novembre 1630, la reine Marie de Médicis est persuadée que Richelieu est en disgrâce. Elle vient chez son fils lui demander de faire son choix entre elle et le cardinal. Mais Louis XIII refuse le chantage et

À cette époque, le premier journal apparaît en France. C'est *La Gazette*, de Théophraste Renaudot. On y trouve déjà des petites annonces et de la publicité. Mais tout ce qui y était écrit était contrôlé par les services du roi.

Richelieu par *Philippe de Champaigne*, vers 1640.

renouvelle à son ministre toute sa confiance. La reine est obligée de s'exiler ; elle et ses amis ont été dupés. C'est la « journée des Dupes »…

La puissance de la France

Grâce à Richelieu, la France est au premier rang des nations en Europe. En 1635, il déclare officiellement la guerre à l'Espagne, d'abord contre Philippe IV d'Espagne, puis, deux ans plus tard, contre l'empereur Ferdinand III. Dans un premier temps, les Français subissent de nombreuses défaites, puis ils remportent plusieurs succès. Cette guerre de Trente Ans s'achèvera en 1648, après avoir été l'un des conflits les plus meurtriers d'Europe. Quelques années auparavant, Richelieu est mort d'épuisement, et Louis XIII a péri à Saint-Germain-en-Laye, victime de la tuberculose quelques jours seulement avant l'éclatante victoire de ses troupes à Rocroi, en mai 1643.

Les Trois Mousquetaires, le célèbre roman d'Alexandre Dumas, publié en 1844, a rendu célèbres les mousquetaires du roi, dont le nom vient de leur arme à feu, le mousquet. D'Artagnan, Athos, Porthos et Aramis ont réellement existé mais ils se sont battus à des époques différentes.

L'avenir des Bourbons

Avant cela, en 1638, le miracle a eu lieu : la reine Anne d'Autriche est enfin enceinte, après 22 ans de mariage. Elle met au monde, le 5 septembre, un fils baptisé Louis-Dieudonné, le futur Louis XIV. Mais quand son père meurt, il n'a que 5 ans, c'est sa mère qui assure la régence en attendant sa majorité, aidé par le cardinal Mazarin,

Mazarin.

un ancien collaborateur de Richelieu. Très vite, leur autorité est contestée par les hauts magistrats du Parlement et par les grands seigneurs.

La Fronde

La rébellion qui s'installe en 1648 est appelée la Fronde. Elle commence par l'apparition de « Mazarinades », des chansons contre les impôts du ministre Mazarin. Mais la situation s'envenime vite et des barricades sont dressées dans les rues de Paris.

Dans la nuit du 5 au 6 janvier 1649, le roi, la régente et le cardinal doivent aller se réfugier à Saint-Germain-en-Laye. En 1652, la révolte s'achève et le roi rejoint la capitale. L'ordre est rétabli, mais Louis XIV garde de cette période une grande méfiance à l'égard de la noblesse et des puissants.

La fin de la guerre d'Espagne

Malgré la crise intérieure délicate que traverse le pays, Mazarin réussit à mettre fin à la guerre avec l'Espagne. En 1659, la paix des Pyrénées assure à la France le Roussillon et la Cerdagne au sud ; l'Artois et quelques villes au nord. En même temps, on décide du mariage de la fille du roi d'Espagne, Marie-Thérèse d'Autriche, avec Louis XIV.

Portrait de Louis XIV en costume royal,
par Hyacinthe Rigaud, 1701.
Paris, musée du Louvre.

« L'État, c'est moi ! »

Outre le commerce, le ministre de la guerre Louvois réorganise l'armée pour faire face aux guerres décidées par le roi. Vauban, l'un de ses collaborateurs, construit près de 300 places fortes aux frontières du pays.

À la mort de Mazarin, en 1661, Louis XIV décide de régner seul. « L'État, c'est moi ! », déclare-t-il, à la surprise générale, alors qu'il n'a que 23 ans. Pendant 54 ans, il va travailler avec acharnement à renforcer l'image de la monarchie. Il s'entoure néanmoins d'excellents collaborateurs, comme Louvois et Colbert. Ce dernier développe l'industrie et le commerce en créant des entre-

Le château de Versailles, galerie des glaces.

prises d'État, comme la manufacture des Gobelins pour les tapisseries ou celle de Saint-Gobain pour les miroirs, dont les productions se vendent dans l'Europe entière.

La cour du Roi-Soleil

Pour éviter de nouvelles révoltes des nobles, le roi décide de les garder près de lui… pour mieux les surveiller ! Il s'entoure ainsi d'une cour, prête à tout pour plaire à celui qui a choisi le Soleil comme symbole. Chaque moment de sa vie devient un spectacle. Pour les courtisans, c'est un grand honneur que d'assister au lever du roi, à son repas, et même de lui passer sa chemise ou son pot de chambre !

Environ 10 000 courtisans sont attachés aux services de la cour. Les officiers de la Bouche et du Gobelet sont par exemple chargés des repas.

Le château de Versailles

Depuis la Fronde, Louis XIV se méfie de Paris. Dès 1661, il fait transformer son pavillon de chasse de Versailles en somptueux palais. Pendant 20 ans, 36 000 hommes travaillent sur le chantier et le roi s'entoure des meilleurs artistes de son époque, tels le peintre Le Brun, les architectes Le Vau et Mansart, ou Le Nôtre qui organise les jardins. En 1682, la cour s'installe définitivement au palais de Versailles. De nombreuses fêtes, concerts ou représentations théâtrales ont lieu dans les salons ou dans le parc.

En même temps, Louis XIV soutient des écrivains comme Boileau ou Racine. Il protège aussi les artistes critiqués comme Molière, qui est accusé de dénigrer la société de son temps. En échange, ceux-ci célèbrent la gloire du souverain.

Récitation du petit catéchisme de Martin Luther et leçon de chant dans une salle d'école protestante. Gravure allemande, 1592.

La lutte contre les protestants

Pendant qu'à Versailles, le roi et ses courtisans vivent dans le luxe et les réjouissances, le peuple souffre de plus en plus, affamé par les disettes et les épidémies. Par ailleurs, Louis XIV n'accepte plus que l'on pratique une autre religion que la sienne et il s'attaque aux protestants. En 1685, il révoque l'édit de Nantes qu'Henri IV leur avait

LA NAISSANCE DE LA MONNAIE DE PAPIER

Afin de remplir les caisses de l'État, l'Écossais John Law proposa à Louis XIV d'émettre de la monnaie de papier, en plus des pièces d'or et d'argent qui existaient déjà. Il ouvrit une banque dans laquelle les gens venaient échanger leurs pièces contre des billets. Mais en 1720, tout le monde prit peur et voulut se débarrasser de sa monnaie de papier. L'État réussit toutefois à payer les dettes laissées par Louis XIV mais les Français se méfièrent encore pour longtemps de la monnaie de papier.

Une émeute devant la banque de Law, rue Quincampoix à Paris, en 1720.

accordé. Les temples sont détruits. Les protestants sont contraints à devenir catholiques. 200 000 d'entre eux préfèrent quitter la France. En même temps, le roi mène de nombreuses guerres contre les pays voisins pour affirmer sa puissance.

Une triste fin de règne

Quand le Roi-Soleil s'éteint à Versailles, à l'âge de 77 ans, le pays est ruiné et les Français sont à bout de souffle. Le déficit de l'État est alarmant.

Louis XIV, sur son lit de mort, dira : « J'ai trop aimé les guerres et les bâtiments. »

Louis XIV a juste le temps de regretter certains de ses actes et il met en garde le futur Louis XV contre les guerres. Il lui recommande également de soulager ses sujets, écrasés par les impôts.

Louis XV le « Bien-Aimé »

Quand Louis XIV disparaît, c'est son arrière-petit-fils qui lui succède, sous le nom de Louis XV, car son fils, le Grand Dauphin, est mort quelques années plus tôt. Louis XV n'a que 5 ans et demi et il a déjà perdu toute sa famille, emportée par la rougeole. En attendant sa majorité, il est placé sous

Au XVIIIe siècle, la France est le pays le plus peuplé d'Europe (29 millions d'habitants).

la régence de son oncle Philippe d'Orléans jusqu'en 1723. Après les années austères du règne précédent, une époque de plaisirs, de fêtes et de prospérité fait suite. Quand Louis XV commence à exercer le pouvoir en 1723, il est si populaire qu'on le surnomme le « Bien-Aimé ».

Philippe, duc d'Orléans, dans son cabinet de travail avec son fils le duc de Chartres. École française, début du XIIIe siècle. Musée national du château de Versailles.

Le cardinal de Fleury

Dès le début de son règne, Louis XV laisse le gouvernement à ses ministres. En 1726, c'est le cardinal de Fleury qui en a la charge. Celui-ci favorise le commerce en faisant construire un réseau de bonnes routes. L'agriculture et l'industrie se développent. Le commerce international connaît également un grand essor : les produits venus des colonies des Antilles comme le café, le sucre, le tabac, le rhum ou le cacao sont vendus très chers.

Partant de Nantes ou de Bordeaux, les négociants gagnaient l'Afrique pour y acheter des esclaves noirs. Transportés dans de terribles conditions, ceux-ci étaient ensuite vendus comme main-d'œuvre pour les plantations en Amérique, en échange des denrées recherchées.

Victoires et défaites

Au lendemain de la mort du cardinal de Fleury, en 1743, le roi décide de gouverner seul. Mais Louis XV est indécis et il donne l'impression de ne pas s'intéresser en permanence à l'exercice du pouvoir. Toutefois, il se passionne pour les affaires militaires et il participe aux guerres qui touchent l'Europe. À la bataille de Fontenoy, en 1745, il remporte une grande victoire contre les Anglais et les Hollandais. De 1756 à 1763, la guerre de Sept Ans oppose la France et la Prusse alliée à l'Angleterre. Louis XV doit capituler et l'Inde, la Louisiane et le Canada passent à l'Angleterre.

Le siècle des Lumières

Au XVIIIe, la France connaît un rayonnement exceptionnel. On parle de « siècle des Lumières ». Ses écrivains et ses savants sont connus dans l'Europe entière et jusqu'en Amérique. Des philosophes comme Montesquieu, Voltaire, Rousseau et Diderot critiquent l'archaïsme de la société, de la monarchie et de l'Église à l'époque. Ils prônent une nouvelle société, plus tolérante et meilleure.

L'Encyclopédie

La diffusion de ces idées nouvelles passe par le livre, qui bénéficie des progrès de l'imprimerie.
De nombreux philosophes et savants, entraînés par

Une étrange scène eut lieu sur le champ de bataille. « Faites tirer vos gens », dit un lord anglais. « Tirez les premiers », répondit un comte français, dans un grand élan de politesse. Ce qui valut à 400 gardes de l'armée française de tomber sous le feu de l'ennemi !

Philosophie signifie « amour de la sagesse ».

En 1721, les *Lettres persanes* de Montesquieu racontent la visite de deux Persans, en France. C'est l'occasion d'observer et de critiquer la société française. De son côté, Jean-Jacques Rousseau, dans le *Contrat social* paru en 1762, affirme que l'homme est naturellement bon et que ce sont les inégalités de la société qui le rendent méchant…

ENCYCLOPÉDIE,

OU

DICTIONNAIRE RAISONNÉ
DES SCIENCES,
DES ARTS ET DES MÉTIERS.

A

a & a f. m. (*ordre Encyclopéd.* *Entend. Science de l'homme , Logique , Art de communiquer , Gramm.*) caractere ou figure de la premiere lettre de l'Alphabet , en latin , en françois , & en presque toutes les Langues de l'Europe.

On peut considérer ce caractere, ou comme lettre , ou comme mot.

I. A, en tant que lettre , est le signe du son *a*, qui de tous les sons de la voix est le plus facile à prononcer. Il ne faut qu'ouvrir la bouche & pousser l'air des poumons.

On dit que l'*a* vient de l'*aleph* des Hébreux : mais l'*a* en tant que son ne vient que de la conformation des organes de la parole ; & le caractere ou figure dont nous nous servons pour représenter ce son , nous vient de l'*alpha* des Grecs. Les Latins & les au-

A

mas , & les filles le son de l'*e* , première voyelle de *femina* : mais c'est une imagination sans fondement. Quand les enfans viennent au monde , & que pour la premiere fois ils poussent l'air des poumons , on entend le son de différentes voyelles, selon qu'ils ouvrent plus ou moins la bouche.

On dit *un grand A* , *un petit a :* ainsi *a* est du genre masculin , comme les autres voyelles de notre Alphabet.

Le son de l'*a* , aussi bien que celui de l'*e* , est long en certains mots, & bref en d'autres : *a* est long dans *grâce* , & bref dans *place.* Il est long dans *tâche* quand ce mot signifie un ouvrage qu'on donne à faire ; & il est bref dans *tache* , *macula* , souillure. Il est long dans *mâtin* , gros chien ; & bref dans *matin* , première partie du jour. *Voyez l'excellent Traité de la Prosodie de M. l'Abbé d'Olivet.*

Les Romains , pour marquer l'*a* long , l'écrivirent d'abord double , *Aala* pour *Ala* ; c'est ainsi qu'on

Première page de l'Encyclopédie de 1751 par Denis Diderot.

Diderot et d'Alembert, se lancent dans la rédaction de l'*Encyclopédie*, un gigantesque ouvrage de 28 volumes de textes et 11 volumes d'illustrations. Ils sont publiés entre 1751 et 1772.

L'*Encyclopédie* vise à rassembler et à diffuser l'ensemble des connaissances humaines. Le projet connaît bien des difficultés et Diderot est même enfermé en prison, accusé par Louis XV de propager des idées dangereuses.

Louis XV le « Mal-Aimé »

Les guerres ont à nouveau affaibli les finances royales. Un nouvel impôt est envisagé : il doit concerner toutes les couches de la population, y compris les nobles. Par ailleurs, une réforme de la justice est destinée à la rendre plus accessible et moins coûteuse. Mais ces réformes échouent, parce qu'elles touchent trop aux privilèges des nobles et de l'Église. Cela n'améliore pas la mauvaise image de Louis XV. Car depuis 1745, les critiques vont bon train à l'égard de ce roi qui a de nombreuses maîtresses. Lorsqu'il meurt en 1774, il est devenu si impopulaire qu'on ne lui fait pas de funérailles publiques. Il est enterré de nuit à Saint-Denis.

L'une des maîtresses de Louis XV, la marquise de Pompadour, est la favorite officielle. Elle organise de nombreuses fêtes coûteuses qui contribuent à l'impopularité du roi.

Le dernier roi de l'Ancien Régime

Quand il monte sur le trône, Louis XVI, le petit-fils de Louis XV, a 20 ans. Son père, Louis le Dauphin, est mort 9 ans plus tôt. Il aurait déclaré, au sujet de sa jeune épouse et de lui-même : « Nous sommes trop jeunes pour régner ». Le roi aime les travaux manuels. Excellent cavalier, il apprécie également la chasse. En revanche, on le dit timide et indécis et peu intéressé par la lourde charge du pouvoir. Il sait toutefois s'entourer de bons ministres comme Turgot, Necker et Calonne. Mais en quelques années, les finances de l'État

À l'âge de 15 ans, on fait épouser à Louis XVI Marie-Antoinette d'Autriche pour réconcilier la France et la famille des Habsbourg.

sont épuisées. Marie-Antoinette, qui aime les fêtes, a dépensé sans compter. La France participe également, malgré ses difficultés économiques, à la guerre de l'Indépendance américaine. Le peuple manque de tout et les années 1780 sont des années de famine et de chômage.

De 1776 à 1783, la France apporte son aide aux 13 colonies anglaises d'Amérique qui se battent pour leur liberté. En 1783, le traité de Paris oblige l'Angleterre à reconnaître l'indépendance de ses colonies qui deviennent alors les États-Unis d'Amérique.

Les États généraux

En 1789, la France est au bord de la faillite : il faut trouver de l'argent. Louis XVI décide de convoquer les États généraux afin de faire voter

Portrait de la reine Marie-Antoinette en costume de chasse, 1788. *Musée national du château de Versailles.*

de nouveaux impôts. L'Assemblée est réunie à Versailles au mois de mai. Elle se compose de représentants du clergé, de la noblesse et du Tiers État. Les Français attendent beaucoup de cette assemblée et partout dans le pays ils couchent par écrit leurs souhaits dans des « cahiers de doléances ». Chacun espère voir sa situation s'améliorer.

C'est-à-dire de tous les autres Français.

Vers la révolution

Le 17 juin 1789, les représentants du peuple se réunissent à part et se proclament « Assemblée nationale ». Par cet acte, ils affirment représenter la nation et ils jurent de ne pas se séparer tant qu'ils n'auront pas donné à la France une constitution : c'est le « serment du Jeu de paume ». Louis XVI ne se rend pas compte de la gravité de la situation et il commet plusieurs erreurs. À Paris, la révolte gronde. Le 14 juillet, le peuple s'attaque à la forteresse de la Bastille, utilisée comme prison et symbole de la monarchie toute puissante.

Une constitution est un texte qui établit les rapports entre gouvernants et gouvernés et qui définit l'organisation des pouvoirs publics.

L'abolition des privilèges

Les députés de l'Assemblée nationale travaillent d'arrache-pied et, en quelques semaines, de nombreuses réformes sont mises au point. Le 4 août, les privilèges de la noblesse et du clergé sont

LE SERMENT DU JEU DE PAUME

Louis XVI ayant fait fermer la salle où les représentants du Tiers État s'étaient réunis, ceux-ci se rendirent dans une autre salle, dite du Jeu de paume (l'ancêtre du tennis) pour jurer « de ne jamais se séparer et de se rassembler partout où les circonstances l'exigeraient jusqu'à ce que la constitution du royaume fût établie ».

Le serment du Jeu de paume, *par Jacques Louis David, 1791.*
Musée national du château de Versailles.

abolis. Comme le reste de la population, ils vont dorénavant devoir payer des impôts ! Le 26 août, la Déclaration des droits de l'homme et du citoyen est proclamée. Le royaume est divisé en départements, la justice et l'administration sont réorganisées et simplifiées, les biens de l'Église sont mis « à la disposition de la nation » et deviennent biens nationaux. Toutes les religions sont autorisées. Les Français, pour autant qu'ils paient des impôts, élisent leurs députés.

La fin de la royauté

Le 5 octobre 1789, le peuple marche sur Versailles et ramène à Paris le roi, Marie-Antoinette et leurs enfants. Louis XVI semble accepter les réformes et il prête serment à la nation. À l'occasion de la fête de la Fédération à Paris, il jure de respecter la Constitution.

Mais en juin 1791, la famille royale tente de quitter le pays. Elle est démasquée et arrêtée à Varennes, près de la frontière du nord-est, et ramenée sous bonne garde aux Tuileries. Le roi a désormais perdu la confiance des Français. L'année suivante, les révolutionnaires prennent d'assaut les Tuileries et le roi est mis en prison. Le 21 septembre 1792, un décret proclame la République. La royauté est abolie, la monarchie s'efface.

Le procès du roi

Rapidement, la Convention nationale (qui succède à l'Assemblée législative) décide d'organiser le procès de Louis XVI. Il est jugé pour trahison et accusé de conspiration contre la liberté publique. Reconnu coupable, il est condamné à mort par 387 voix contre 344. Le 21 janvier 1793, il monte sur l'échafaud, place de la Concorde à Paris, et sa tête tombe sous le couperet de la guillotine. Marie-Antoinette, elle, est guillotinée le 16 octobre 1793.

Louis XVI prisonnier au Temple.

GÉNÉALOGIE DES BOURBONS

HENRI IV
roi de Navarre (1572-1610)
roi de France (1589-1610)
ép. 2, en 1600, Marie de Médicis,
fille du grand-duc de Toscane François

LOUIS XIII le Juste
roi de France (1610-1643)
ép. en 1615, Anne d'Autriche,
fille du roi d'Espagne Philippe III

Philippe
duc d'Orléans

**PHILIPPE d'Orléans
« Le Régent »**
duc d'Orléans

LOUIS
duc d'Orléans

LOUIS XIV le Grand
roi de France (1643-1715)

ép. 1, en 1660, Marie-Thérèse,
fille du roi d'Espagne Philippe IV

LOUIS VII le Grand Dauphin
ép. 1, en 1680, Marie-Anne de Bavière

LOUIS-PHILIPPE
duc d'Orléans

LOUIS-PHILIPPE
dit Philippe-Egalité

LOUIS-PHILIPPE Iᵉʳ
roi de France (1830-1848)

PHILIPPE
duc d'Anjou - roi d'Espagne (1700-1746)

LOUIS
duc de Bourgogne
ép. en 1697
Marie-Adélaïde de Savoie,
fille du duc Victor-Amédée II

LOUIS XV le Bien-Aimé
roi de France (1715-1774)
ép. en 1725 Marie Leszczynska,
fille du roi de Pologne Stanislas

LOUIS de France
ép. 2, en 1747, Marie-Josèphe de Saxe,
fille du roi de Pologne Frédéric-Auguste II

LOUIS XVI (1774-1792)
roi de France
ép. en 1770 Marie-Antoinette d'Autriche,
fille de l'empereur François Iᵉʳ

LOUIS XVIII
roi de France
(1814-1815 et 1815-1824)

CHARLES X
roi de France (1824-1830)

6

ENTRE DEUX ROYAUTÉS

La France de la fin du XVIIIe siècle est plongée dans la tourmente. Les ennemis se pressent aux frontières tandis que le pays est ensanglanté par les affrontements entre révolutionnaires et contre-révolutionnaires. Des milliers de personnes sont guillotinées. Un jeune général corse va en profiter pour s'emparer du pouvoir. Il s'appelle Napoléon Bonaparte.

De la Terreur au Directoire

Les « Montagnards » siègent en haut de l'Assemblée, « à la montagne ».

À partir de 1793, la Révolution se transforme en une guerre civile qui oppose les Français entre eux. À la Convention, les Montagnards, comme

Danton et Robespierre souhaitent des mesures énergiques pour maintenir la république. Les Girondins, quant à eux, estiment que la Révolution est terminée et refusent ce gouvernement. Pendant l'été, les provinces se soulèvent. En Vendée, les paysans se révoltent en mai 1793 contre la tyrannie révolutionnaire. Attaquée de toutes parts, la république est en danger. Les Montagnards mettent en place un comité de salut public pour gouverner la France et Robespierre impose alors la Terreur. Les Vendéens sont massacrés et les suspects peuvent être envoyés en prison à tout moment et mis à mort. En juillet 1794, Robespierre est arrêté et guillotiné par les « modérés ». Un an après, une nouvelle constitution instaure le Directoire…

Plusieurs des « Girondins » ont été élus en Gironde.

Les Vendéens furent surnommés les Chouans car ils avaient l'habitude d'imiter le cri de la chouette, ou chat-huant, pour se reconnaître.

Danton (1759-1794).

Du Directoire au Consulat

À partir de 1793, un nouveau « calendrier républicain » a été instauré. Il fut décrété que l'An I de l'ère nouvelle avait commencé le 22 septembre 1792. Les nouveaux mois furent rebaptisés : vendémiaire, brumaire, frimaire, pluviôse, etc. Mais les Français ne se firent jamais à ce nouveau calendrier et Napoléon décida, en 1805, de revenir au calendrier traditionnel !

Quelques années plus tard, les Français sont lassés de la tourmente révolutionnaire et de la désorganisation du pays. Le Directoire n'a pas su rétablir l'ordre. Ils ont perdu confiance. Le général Napoléon Bonaparte, qui s'est fait remarquer par ses exploits militaires, en profite pour prendre le pouvoir par un coup d'État. Le 18 brumaire an VIII (9 novembre 1799), il renverse le Directoire et instaure un nouveau régime, le Consulat. Il devient Premier Consul en 1800. En 1804, il se proclame empereur des Français sous le nom de Napoléon Ier.

Robespierre (1758-1794).

L'Empire

Comme un roi, Napoléon se fait sacrer par le pape lors d'une cérémonie grandiose à la cathédrale Notre-Dame. Peu à peu, il adopte le comportement d'un souverain de l'Ancien Régime. Il distribue les royaumes à sa famille et aux hauts responsables civils et militaires, au gré de ses conquêtes. Il décide de tout, supporte mal la critique et il surveille de près la presse et même le théâtre. Les opposants royalistes ou révolutionnaires sont arrêtés.

Un vrai chef militaire

Napoléon est avant tout un grand chef de guerre. Avec sa Grande Armée, il mène presque 15 ans de guerre continue contre les rois européens. Sans cesse, il repousse les limites de l'Empire français. Au début de son règne, il remporte de nombreuses victoires.

En 1805, il écrase les armées autrichiennes et russes à Austerlitz.

En 1806, la Prusse est mise en déroute à Iéna. L'année suivante, la Russie rend les armes à Eylau et à Friedland.

Seule l'Angleterre résiste et pour l'affaiblir, Napoléon tente un blocus qui interdit tout échange commercial.

Le service militaire était obligatoire pour tous les Français âgés de 20 à 25 ans. Le recrutement se faisait par tirage au sort et il était possible d'être exempté si l'on avait les moyens de payer un remplaçant.

L'EMPEREUR NAPOLÉON BONAPARTE

Napoléon Bonaparte est né en Corse. Militaire de carrière, son ascension fulgurante commence en 1793 où, après avoir repris Toulon aux Anglais, il est nommé général de brigade. En 1795, il écrase une insurrection royaliste à Paris. En 1796, il est nommé général en chef de l'armée d'Italie et vole de victoire en victoire. En 1798, il reçoit le commandement de l'expédition d'Égypte pour couper la route aux

Anglais. De 1799 à 1814, Napoléon gouverne avec autorité. S'il n'est pas roi, il se comporte souvent en vrai monarque absolu !

Outre ses nombreuses conquêtes militaires, il s'attache à réorganiser la France. Il installe un préfet à la tête de chaque département, crée les lycées et fait rédiger le Code civil qui unifie le droit pour l'ensemble du pays.

La Campagne de France *(détail), par Ernest Meissonier, 1860-1864.*
Paris, musée d'Orsay.

Louis XVIII.

Le temps des défaites

En 1811, l'Empire napoléonien s'étend sur plus de la moitié de l'Europe. L'année suivante, l'empereur se lance dans une grande campagne contre la Russie. Il la juge trop favorable à l'Angleterre. Mais arrivée à Moscou, l'armée découvre une ville desertée et incendiée par les Russes eux-mêmes, qui refusent le combat, et elle doit battre en retraite. Le froid, le manque de vivres et le harcèlement des Russes anéantissent la Grande Armée. C'est un désastre. Les rois européens profitent de cette défaite pour s'unir contre Napoléon. La Prusse puis l'Autriche lui déclarent la guerre en 1813. L'année suivante, il est battu à Leipzig et le 31 mars, Paris est envahi. Le 6 avril, Napoléon doit abdiquer et il se réfugie dans l'île d'Elbe, en Italie, un petit royaume que ses vainqueurs lui ont donné. La monarchie est restaurée : Louis XVIII, un frère de Louis XVI, est proclamé roi des Français.

Sur 600 000 soldats partis pour la Russie, moins de 100 000 sont rentrés en France.

Les Cent-Jours

Malgré son exil sur l'île d'Elbe, Napoléon ne renonce pas au pouvoir et prépare son retour. En mars 1815, il débarque à Golfe-Juan, en Provence, et remonte vers Paris sous les acclamations de la foule et des régiments envoyés pour l'arrêter ! À la fin du mois, il occupe le palais des Tuileries laissé vacant par Louis XVIII qui s'est enfui vers la Belgique. L'Empire est rétabli, mais les rois européens reprennent aussitôt la guerre. Battu à Waterloo le 18 juin 1815, après 100 jours de règne, Napoléon abdique à nouveau. Cette fois, les Anglais le déportent à Sainte-Hélène, une petite île perdue dans l'océan Atlantique, au large de l'Afrique.

Napoléon meurt d'un cancer de l'estomac sur l'île de Sainte-Hélène en 1821, à l'âge de 51 ans.
En 1840, ses cendres ont été ramenées en France et déposées aux Invalides, à Paris.

*La résidence de Longwood, sur l'île de Sainte-Hélène,
où Napoléon finit sa vie.*

7

LES DERNIERS ROIS

Après la chute de l'Empire, le roi Louis XVIII revient en France et retrouve son trône. En exil depuis la Révolution, il a préparé le rétablissement de la monarchie. Après lui, Charles X et Louis-Philippe essaieront à leur tour de maintenir la monarchie. En vain.

La Restauration de la monarchie

À la Révolution, Louis XVIII s'est enfui en Italie, en Pologne puis en Angleterre. De retour en France, il sait qu'il n'exercera plus un pouvoir absolu comme au temps de son frère, Louis XVI. La monarchie est desormais constitutionnelle, c'est-à-dire qu'une constitution régit les pouvoirs du souverain et l'oblige à gouverner avec deux assemblées. Pendant la durée de son règne, le roi tente de concilier les ultraroyalistes (les « ultras ») qui sont nostalgiques de la monarchie absolue, les partisans de la république et ceux qui regrettent l'Empire napoléonien.

La Chambre des députés et la Chambre des pairs limitent le pouvoir du roi. Les députés sont élus par les Français qui paient le plus d'impôts et les pairs héritent de leur fonction ou sont nommés par le monarque.

Le règne des ultras

Quand Louis XVIII meurt en 1824, son frère monte sur le trône sous le nom de Charles X. Chef de file des ultras, il se fait sacrer à Reims pour renouer avec les traditions de l'Ancien Régime. Il fait voter une loi qui indemnise tous ceux qui ont été dépossédés de leurs biens par la Révolution. En 1830, quatre ordonnances sont prises qui aboutissent à la suspension de la liberté de la presse, à la dissolution de la Chambre nouvellement élue, à la modification de la loi électorale et à la convocation des électeurs pour le mois de septembre.

Les « Trois Glorieuses »

Le 27 juillet 1830, la révolte éclate et pendant trois jours (les « Trois Glorieuses »), des barricades surgissent dans la capitale. Les émeutes contraignent le roi à abdiquer et il s'enfuit hors de France. Mais les députés ne sont pas prêts à accepter la république que revendique le peuple.

Le roi Louis-Philippe et ses fils
devant le château de Versailles *(détail)*,
par Horace Vernet, 1846.
*Château de Versailles, galerie de Pierre,
rez-de-chaussée de l'aile nord.*

Ils appellent alors sur le trône le cousin de Charles X, Louis-Philippe d'Orléans qui prend le nom de Louis-Philippe Ier, roi des Français.

La monarchie de Juillet

Louis-Philippe Ier accepte la monarchie constitutionnelle, baptisée la « monarchie de Juillet », mais il se heurte bien vite aux « ultras » comme aux républicains et son pouvoir est durement contesté. De nombreuses émeutes éclatent à Lyon et à Paris en 1831 et 1832 qui sont réprimées dans le sang. La répression s'abat sur les républicains à qui il est interdit de se réunir et de s'exprimer par les journaux. La chasse aux opposants est organisée par François Guizot, ministre des Affaires étrangères à partir de 1840, puis chef du gouvernement en 1847.

Louis-Philippe Ier a été surnommé le « roi des barricades » car il devait sa couronne aux émeutes de Paris. Fils de Philippe-Égalité qui avait voté pour la mort de Louis XVI, Louis-Philippe Ier a lui-même combattu dans les armées de la Révolution.

La révolution de 1848

En février 1848, Guizot interdit une nouvelle fois une réunion républicaine et les Parisiens se soulèvent, appelant à la révolution. À nouveau, des barricades se dressent dans les rues de la capitale. Bien que Guizot ait démissionné à la demande du roi, Paris s'enflamme après une manifestation qui tourne au drame, dans la nuit du 23 février. Le 24, c'est la révolution. Le peuple occupe l'Hôtel de Ville aux cris de « Vive la révolution ! ». Louis-

Ne pouvant plus se réunir, l'opposition avait imaginé des « banquets » ou les républicains pouvaient discuter de politique.

RÉPUBLIQUE FRANÇAISE.

Combat du peuple parisien dans les journées des 22, 23 et 2 Février 1848.

Épreuve imprimée de la **République française***, « Combat du peuple parisien dans les journées des 22, 23 et 24 février 1848 ».*

Dix mois plus tard, le 10 décembre 1848, aura lieu la première élection d'un président de la République par l'ensemble des citoyens.

Philippe, le dernier roi de l'histoire de France, n'essaie même pas de résister : il abdique et part se réfugier en Angleterre. À Paris, un gouvernement provisoire est mis en place en vue d'établir la république.

La fin de la monarchie

La monarchie disparaît en France, après 1400 ans de sacres, de mariages, de batailles, de complots, de victoires, de défaites et de drames... Les Français cessent d'être les sujets du roi de France pour prendre leur destin de citoyen en main.

Au fil des siècles, au-delà du lien qui unissait le peuple et ses souverains, un sentiment est né. Celui d'appartenir à un même ensemble d'hommes et de femmes, une même « nation ». Les rois ont fait la France ; la nation leur survivra... Le roi est mort ! Vive le roi !

QUIZ?

 1 Quel était le premier roi de France ?
A. Clovis.   B. Clodomir.   C. Childéric.

2 Les dynasties se sont succédées dans cet ordre :
A. les Mérovingiens, les Carolingiens, les Bourbons, les Valois et les Capétiens.
B. les Carolingiens, les Mérovingiens, les Capétiens, les Valois et les Bourbons.
C. les Mérovingiens, les Carolingiens, les Capétiens, les Valois et les Bourbons.

3 Comment appelle-t-on le régime politique dans lequel
le chef de l'État est un roi ?
A. une république.   B. une oligarchie.   C. une monarchie.

 4 Au Moyen Âge, le fief était :
A. un domaine offert par un seigneur à son vassal.
B. un petit village.
C. un château fort.

5 La tapisserie de Bayeux raconte :
A. la conquête de l'Angleterre par les Normands.
B. la conquête de la France par les Vikings.
C. la première croisade.

6 La guerre de Cent Ans a duré :
A. 95 ans.   B. 100 ans.   C. 116 ans.

 7 Jeanne d'Arc était :
A. une fermière.   B. une bergère.   C. une boulangère.

 8 François Ier a fait construire le château :
A. de Cheverny.   B. de Versailles.   C. de Chambord.

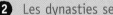

9 Les protestants étaient aussi appelés :
A. Les réformés.   B. Les chouans.   C. Les casse-pieds.

 10 Henri IV était surnommé le « Vert-Galant » car :
A. il avait souvent mauvaise mine.
B. il avait de nombreuses conquêtes féminines.
C. il aimait faire du jardinage.

 11 Qui a déclaré « L'État, c'est moi ! » ?
A. le cardinal Mazarin.
B. le surintendant Colbert.
C. le roi Louis XIV.

 12 Le 14 juillet, nous commémorons :
A. la mort de Louis XVI, en 1793.
B. la prise de la Bastille, en 1789.
C. l'armistice de la Seconde Guerre mondiale, en 1945.

 13 Napoléon a fini sa vie sur l'île :
A. de Sainte-Hélène.   B. d'Oléron.   C. d'Ouessant.

14 Le dernier roi de l'histoire de France s'appelait :
A. Charles X.   B. Louis XVI.   C. Louis-Philippe.

RELIE CHAQUE ROI À SON SURNOM

La plupart des rois de France avaient un surnom,
souvent en rapport avec leur caractère.

Louis Iᵉʳ **1**	**A** le Gros
Charles II **2**	**B** le Lion
Louis VI **3**	**C** le Bon
Louis VIII **4**	**D** le Chauve
Louis IX **5**	**E** le Hardi
Philippe III **6**	**F** Saint Louis
Louis X **7**	**G** le Pieux
Jean II **8**	**H** le Bien-Aimé
Charles VI **9**	**I** le Hutin
Louis XV **10**	**J** le Fou

MOT CACHÉ

Complète la grille de mots à l'aide des définitions ci-dessous.
Tu découvriras verticalement le surnom d'un grand roi de France.

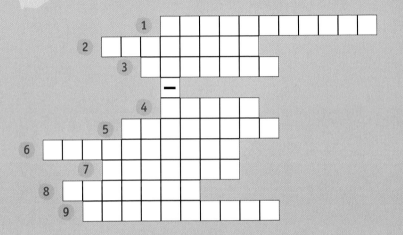

1/ Période du XVᵉ et XVIᵉ siècle pendant laquelle on s'est passionné pour les arts et la littérature de l'Antiquité.
2/ Nom de l'empereur des Français.
3/ Nom des guerriers scandinaves venus attaquer l'Europe du VIIIᵉ au XIᵉ siècle.
4/ Cérémonie au cours de laquelle un roi devient le représentant de Dieu sur Terre.
5/ Expédition militaire faite dans un but religieux.
6/ Nom du château près de Paris dans lequel Louis XIV a fait faire de grands travaux.
7/ Période pendant laquelle, quand un roi n'est pas en âge de gouverner, le pouvoir est confié à un proche parent.
8/ Titre désignant l'héritier du trône de France, en général le fils aîné du roi.
9/ Instrument qui servait à décapiter les condamnés à mort.

INFORMATIONS UTILES

⊙ Les sites à visiter en France

Château-Gaillard
Les Andelys, Eure
Tél. : 02 32 54 41 93
Forteresse de Richard Cœur de Lion, duc de Normandie et roi d'Angleterre, construite en 1197, prise par Philippe Auguste en 1204.

Basilique de Saint-Denis
2, place de la Légion-d'Honneur, Saint-Denis, Seine-Saint-Denis
Tél. : 01 48 09 83 54
À partir des premiers Capétiens, presque tous les rois y eurent leur sépulture.

Cathédrale de Reims
Place du Cardinal-Luçon, Reims, Marne
Tél. : 03 26 77 45 25
À partir du XIe siècle, les héritiers du trône, jusqu'à Charles X, s'y firent sacrer.

Château de Chambord
Chambord, Loir-et-Cher
Tél. : 02 54 50 40 28
Construit pour François Ier en 1519, à l'emplacement d'un ancien pavillon de chasse.

Château de Versailles
Versailles, Yvelines
Tél. : 01 30 83 78 00
Symbole royal à l'image de Louis XIV, la construction du château débuta en 1663.

Château d'Angers
Angers, Maine-et-Loire
Tél. : 02 41 87 43 47
Construit en 1230 par Louis IX, Henri III a fait décapiter les tours au XVIe siècle.

Château de Fontainebleau

Fontainebleau, Seine-et-Marne
Tél. : 01 60 71 50 70
Lieu de chasse depuis le XIIe siècle, François Ier l'a remodelé à la Renaissance.

Château de Chenonceau

Chenonceaux, Indre-et-Loire
Tél. : 02 47 23 90 07
Demeure Renaissance, agencée au cours des siècles par les femmes
qui l'ont habitée.

Château d'Amboise

Amboise, Indre-et-Loire
Tél. : 02 47 57 00 98
Château gothique et Renaissance où Louis XI vécu et où Charles VIII trouva la mort.
Léonard de Vinci termina sa vie non loin de là, au Clos-Lucé (02 47 57 62 88).

Château d'Azay-le-Rideau

Azay-le-Rideau, Indre-et-Loire
Tél. : 02 47 45 42 04
Construit à partir de 1518, il est l'un des châteaux de la Loire les plus élégants.

Centre Guillaume-le-Conquérant

rue de Nesmond,Bayeux, Calvados
Tél. : 02 31 51 25 50
Il abrite la tapisserie de Bayeux qui représente en 58 scènes la conquête de
l'Angleterre par les Normands.

Château de Blois

Blois, Loir-et-Cher
Tél. : 02 54 90 33 33
Construit à partir du XIIIe siècle, il fut une résidence royale jusqu'en 1598.

::: Les livres

• Documentaires

Atlas des rois de France
(Bailleux Nathalie et Coppin Brigitte,
Casterman, 1998)

Histoire de France
(Bély Lucien, Éditions Jean-Paul Gisserot, 1997)

Chez nous au Moyen Âge
(Coppin Brigitte, Père Castor Flammarion, 1998)

Histoire de la France, des origines à nos jours
(Duby Georges, Larousse, 1999)

Les rois de France
(Duroselle Geneviève et Prache Denys, Hatier, 1998)

La France au Moyen Âge du Ve au XVe siècle
(Gauvard Claude, PUF, 1996)

Les souverains de la France
(Guinle Jean-Philippe, Larousse, 1997)

• Romans

Aliénor d'Aquitaine, une reine à l'aventure
(Coppin Brigitte, Père Castor Flammarion, 1998)

9 récits de Paris
(Korb Liliane et Lefèvre Laurence, Père Castor Flammarion, 1998)

Mon ami Louis
(Silvestre Anne-Sophie, Père Castor Flammarion, 2002)

 INDEX

✳ INDEX

Jean-Benoît DURAND, l'auteur, est journaliste. Il a été rédacteur en chef adjoint du *Petit Quotidien*. Il écrit aujourd'hui pour la presse jeunesse (*Images Doc*, *Géo Ado*...).
Il est également l'auteur de nombreux ouvrages documentaires pour enfants chez Actes Sud Junior, Casterman, Nathan, Milan... Au Père Castor, il a déjà publié dans la collection « Castor Doc » :
BD mode d'emploi
Presse mode d'emploi
Protégeons notre planète.

© crédits photographiques

Imprimé en France par Pollina s.a., 85400 Luçon – 12-2004 – N° d'impression : L 95658
Dépôt légal : septembre 2003 – Éditions Flammarion (N°1667).
Loi n° 49-956 du 16 juillet 1949 sur les publications destinées à la jeunesse